A EXTRAORDINÁRIA HISTÓRIA POR TRÁS DAS COISAS ORDINÁRIAS

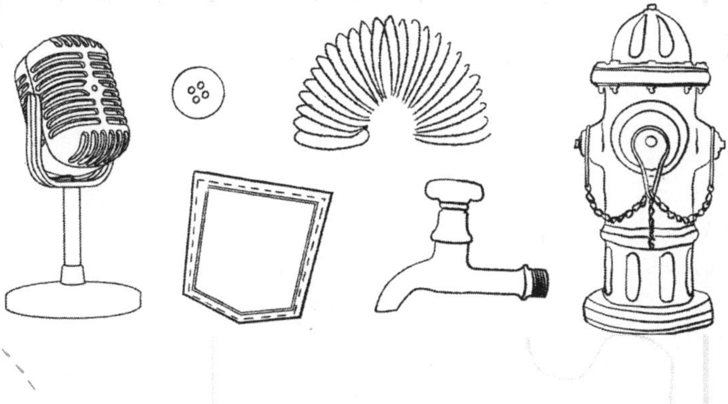

EMILY PROKOP

A EXTRAORDINÁRIA HISTÓRIA POR TRÁS DAS COISAS ORDINÁRIAS

TRADUÇÃO

UBK Publishing House

ubook UBK Publishing House

Publicado mediante acordo com Mango Media Inc. Edição original do livro, *The Story Behind: The Extraordinary History Behind Ordinary Objects*, publicada por Mango Media Inc.

ubook UbK
Publishing House

COPIDESQUE Jaciara Lima
REVISÃO Verônica Bareicha e Pérola Paloma
PROJETO GRÁFICO E CAPA Bruno Santos
IMAGEM DA CAPA Elina Diaz

Dados Internacionais de Catalogação na Publicação (CIP)
(Câmara Brasileira do Livro, SP, Brasil)

Prokop, Emily
A extraordinária história por trás das coisas ordinárias / Emily Prokop ; tradução UBK Publishing House. -- Rio de Janeiro : Ubook Editora, 2020.

Título original: The story behind : the extraordinary history behind ordinary objects
ISBN 978-65-86032-16-1

1. Curiosidades e maravilhas 2. Invenções - História I. Título.

20-34520 CDD-609

Ubook Editora S.A
Av. das Américas, 500, Bloco 12, Salas 303/304,
Barra da Tijuca, Rio de Janeiro/RJ.
Cep.: 22.640-100
Tel.: (21) 3570-8150

Para Layla e Cameron,
Que vocês permaneçam sempre tão curiosos sobre
o mundo ao seu redor quanto são agora.

AGRADECIMENTOS

Gostaria de agradecer a muitas pessoas pelo apoio e encorajamento, especialmente aos ouvintes e fãs do podcast *The Story Behind*, que me mantêm gravando novos episódios semana após semana. Sou grata a todos que fizeram parte do processo de escrever este livro, especialmente aqueles que me viram nas redes sociais enquanto eu deveria estar escrevendo e me animaram, ao mesmo tempo em que, gentilmente, me deram um puxão de orelha para que eu voltasse ao trabalho (vocês me ajudaram a cumprir o meu prazo).

Agradeço à equipe da Mango Publishing, especialmente Brenda Knight, que me ajudou a realizar o meu sonho de infância de ser escritora; aos meus mentores de podcasting Jim Collison, Elsie Escobar, Jessica Kupferman, Dave Jackson, Stephen Jondrew, Daniel J. Lewis, Ray Ortega, Stargate Pioneer, Steve Stewart e Rob Walch, que me dão a motivação e o know-how para sentar atrás de um microfone e explorar a minha criatividade e o meu lado nerd; ao meu grupo Mastermind que me manteve responsável por fazer este livro, Jason Bryant, John Bukenas, Darrell Darnell, Mark Des Cotes, Wayne Henderson, Dave Jackson (listado mais de uma vez, pois sempre vale a pena agradecer várias vezes), e Laura McClellan; aos meus Philly Fort Buddies, que me ofereceram encorajadoras taças de vinho, pausas para café e conferiram a minha saúde mental ao longo do caminho, Josh Hallmark, Hannah Ostic, e Steven Pappas; Landon e Ash Porter, e aos Gorillas, que impediram que a minha Síndrome de Impostor tentasse constantemente me sabotar; mas nada disso teria sido possível sem o primeiro e querido amigo que fiz no podcasting, Nicholas Haskins do canal *Epic Film Guys*, que me fez voltar ao microfone para começar *The Story Behind*.

Uma nota de agradecimento aos amigos e familiares que sempre me encorajaram como escritora e que aguentaram as trivialidades que eu dizia durante as conversas embaraçosas em jantares, antes de eu ter uma válvula de escape para esse tipo de coisas.

Eu também gostaria de oferecer minha eterna gratidão ao meu marido, Mark Prokop. Não só foi ele quem sugeriu a ideia de começar um podcast, como também deixou o seu lado nerd (e seu cartão de crédito) assumir o comando quando se tratou de me equipar com tudo o que eu precisava. Ele também ofereceu seus serviços de TI sempre que algo não estava funcionando e suas habilidades de edição nos últimos momentos antes do lançamento deste livro. Ele também é um pai incrível, e eu nunca conseguirei igualar o número de fraldas que ele trocou enquanto, graciosamente, me permitia encontrar minha paixão no podcasting e ao escrever este livro.

PARA PREGUIÇOSOS...

- Os ouvintes e fãs do *The Story Behind* são incríveis!
- Aqueles que acreditam e torcem por mim são algumas das melhores pessoas do mundo.
- Meu marido é o Ben da minha Leslie.

INTRODUÇÃO

Pode chamar de curiosidade. Pode chamar de distração. Pode chamar de TDAH. Mas sempre achei difícil não me questionar sobre a história das coisas à minha volta. Quando passei a ter acesso à internet, na minha adolescência, um novo mundo se abriu para mim. Claro, eu tinha a biblioteca antes, mas queria respostas às minhas perguntas e as queria na mesma hora em que me questionava.

Você pode estar olhando para este livro e se perguntando se também sente o mesmo. Talvez você não se considere um fã de história – eu sei que nunca fui, a despeito dos poucos professores de história no colegial que encontraram uma maneira de torná-la interessante. Nunca fui boa em lembrar datas ou mesmo locais (eu provavelmente deveria dar crédito ao Google, como coautor deste livro, por verificar os dados de uma certa batalha ou era em particular). Mas o que ficou na minha cabeça foram os detalhes que tornaram a história divertida e emocionante para mim.

Embora não seja uma especialista, adorava falar sobre essas curiosidades que aprendi, geralmente durante festas, quando o meu eu socialmente estranho não conseguia reter a última nova informação que tinha aprendido ou alguma anedota fascinante. Felizmente, os podcasts existiam, então eu consegui desaguar todas as trivialidades aleatórias retidas em meu cérebro durante anos em meu podcast *The Story Behind*.

Todas as semanas, eu parecia tropeçar em algo novo e queria compartilhá-lo com as pessoas, ou então escolhia algo tão simples como um clipe de papel e, aparentemente do nada, me encontrava em uma toca de coelho do Google investigando suas origens.

Algumas das pesquisas em *The Story Behind* podem parecer um pouco dispersas, mas é porque nem tudo tem a história típica que conhecemos de "cara branco inventa isso e fatura milhões..." Eu gosto de olhar para o processo de pensamento que os inventores podem ter tido, ou mesmo como as coisas eram antes de suas invenções.

Muitas vezes, é impossível realmente encontrar a história de alguns objetos, mas as teorias e hipóteses factíveis são igualmente divertidas de se contar, e por isso incluí algumas aqui.

Millennials e pessoas da Geração X, como eu, que aparentemente faço parte de uma microgeração conhecida como *xennials*, podem sentir que estamos vivendo na pior época existente, quando a economia é incerta, os políticos estão mentindo para nós e parece que os grupos radicais estão fora do controle e ganhando notoriedade no mundo. Às vezes, pesquisar para os episódios de *The Story Behind* me ajuda a manter em perspectiva todos os avanços da tecnologia e como as invenções mencionadas neste livro tornaram nossas vidas melhores.

Então, vamos mergulhar nas extraordinárias histórias por trás das coisas ordinárias.

P.S.: Não ficarei ofendida se você ler este livro no banheiro.

PARTE UM

NO ESCRITÓRIO

PLÁSTICO-BOLHA

Quando os soldados americanos da Segunda Guerra Mundial voltaram para casa, tiveram acesso à educação, graças à Lei de Reajuste dos Militares, e isso os ajudou a comprar suas casas. O país floresceu, não só com novos bebês, mas também com novas casas sendo construídas. A década de 1950 viu uma mudança de um padrão tradicional com as famílias olhando para o futuro, a possibilidade de exploração do espaço, os filmes futuristas e a televisão influenciando escolhas de estilo.

Naquele momento, o papel de parede tinha evoluído de um luxo que só os ricos podiam pagar para uma mercadoria mais acessível que qualquer pessoa usaria para decorar as suas paredes com facilidade e rapidez. Em 1957, Alfred W. Fielding e Marc Chavannes queriam criar um papel de parede plástico de alta tecnologia. O desenho original seria de um papel de parede texturizado que traria uma explosão (o trocadilho foi proposital) de diversão às paredes.

Na garagem de Fielding, eles selaram duas folhas de plástico juntas, criando bolsas de ar presas no seu interior, e colocaram uma camada de papel. Infelizmente, o design não ficou tão popular como eles esperavam; os dois inventores tinham esse material incrível, mas não tinham utilidade para ele. Originalmente, era conhecido como Air Cap, e Fielding e Chavannes formaram a empresa Sealed Air para comercializá-lo.

Primeiro, tentaram vendê-lo para estufas como uma espécie de isolamento barato, mas era difícil comercializar o plástico para paredes. Felizmente, outra inovação futurista iria ajudá-los a usar esse material.

A IBM lançou o 1401, seu novo computador de longitude de palavra variável, em 1959, mas havia a preocupação com a dificuldade de enviar o novo hardware sem danificá-lo usando os tradicionais materiais como jornal, palha ou crina de cavalo.

Frederick Bowers, um comerciante da Sealed Air, entregou o material à IBM, e finalmente foi encontrado um uso para o plástico-bolha. A propósito, Bubble Wrap é o nome da marca registrada. A Sealed Air começou a expandir sua oferta de produtos para mais materiais de envio, tais como envelopes revestidos com plástico-bolha, que se tornaram especialmente úteis na década de 1980 com a popularidade do disquete. (Os primeiros disquetes eram, na verdade, moles e facilmente danificáveis).

Os dias de selar duas folhas de plástico juntas já se foram há muito tempo. Em 1957, foi feita uma máquina para produzir o material com as bolhas uniformemente espaçadas. As máquinas utilizadas atualmente não são tão diferentes, embora produzam em maior quantidade e sejam muito maiores do que a original, que naquele tempo era do tamanho de uma máquina de costura.

Os materiais utilizados agora são mais ecologicamente corretos, mas ainda assim permanecem fortes o suficiente para serem reutilizados. No entanto, novos materiais para embalagem estão sempre sendo explorados por empresas como a Amazon, que envia uma enorme quantidade de itens, já que os grandes rolos de plástico-bolha ocupam muito espaço de armazenamento.

Uma dúvida que vem muito à tona sobre o plástico-bolha é como usá-lo corretamente para empacotar itens, se com as bolhas para fora ou para dentro. A forma recomendada é ter as bolhas viradas para dentro, de modo a melhor acolchoar o item a ser embalado. Isso também ajuda a manter as peças pequenas no lugar de forma mais eficaz.

Mas o que muitos consideram a melhor qualidade do plástico-bolha é o alívio do estresse ao estourá-lo. E esse alívio não é apenas uma teoria. Foi demonstrado, num estudo de 1992, que as pessoas a quem foi dado o plástico-bolha para estourar ficavam mais relaxadas e alertas posteriormente. Existem algumas teorias sobre o porquê, incluindo uma em que o nosso cérebro primitivo associa a sensação à de esmagar carrapatos ou insetos, mas a teoria mais plausível (e menos nojenta) é a de que os humanos são atraídos por sensações táteis (o tato). Por isso, o uso de colares de contas, como komboloi, brinquedos do tipo *fidget* ou estourar plástico-bolha pode nos ajudar a liberar esse estresse.

VOCÊ SABIA?

A Sealed Air licencia uma versão calendário de plástico-bolha. Nele, cada dia é impresso em um pedaço de papel embaixo de plástico-bolha e os consumidores podem estourar uma bolha por dia.

PARA PREGUIÇOSOS...

- O plástico-bolha foi originalmente criado como papel de parede 3D.
- Demorou um pouco até que seus inventores encontrassem um uso para ele, mas uma vez que os computadores se tornaram comuns, os fabricantes procuraram melhores maneiras de enviá-los e o plástico-bolha provou ser a solução perfeita.
- Foi provado que estourar plástico-bolha alivia o estresse, por isso, estoure!

COMIC SANS

Ah, a fonte que causa horror a muitos tipógrafos e designers gráficos... Se você não sabe a qual fonte me refiro, pense nos balões de fala das histórias em quadrinhos. Os caracteres que parecem ter sido desenhados à mão tornaram-se a base da fonte Comic Sans, que ficou associada às escolas e às atividades infantis. Se você colecionou os brinquedos de pelúcia Beanie Babies nos anos 1990, vai reconhecê-la como a fonte usada pela empresa TY.

Definitivamente não é tão formal quanto a Times New Roman, uma fonte comum nos jornais, ou a Helvetica, que é usada para muitos logotipos. É divertida e alegre, mas também tem desvantagens, pois muitos que estão familiarizados com as fontes acham difícil levar qualquer coisa a sério se for escrita em Comic Sans.

Vincent Connare foi o cérebro por trás da criação. Enquanto trabalhava na Microsoft, em 1994, ele foi encarregado de encontrar uma fonte para os balões de fala do personagem de um programa de computador chamado Microsoft Bob, que foi projetado para crianças.

Essa interface de software foi criada para parecer um desenho animado, mas os designers estavam usando Times New Roman nos balões de diálogo, e isso não parecia certo para Connare. Ele pesquisou na pilha de quadrinhos que tinha em seu escritório para se inspirar, particularmente em *Watchmen* e *O Cavaleiro das Trevas*. Começou então a elaborar as fontes, mas, quando foram aplicadas aos balões de diálogo, todas aquelas letras maiúsculas não couberam.

Ele acrescentou letras minúsculas à fonte, mas já era tarde demais: o Microsoft Bob havia sido lançado e já tinha saído de linha na época. A Microsoft então escolheu a fonte para o software Movie Maker. O nome original era Comic Book, mas depois foi alterado para Comic Sans.

A fonte foi mantida pela Microsoft e adicionada às fontes do sistema no Windows 95 e no Internet Explorer. A Apple copiou o conceito e incluiu uma fonte similar, chamada Chalkboard, no Mac OS X.

Se você conhece pessoas suficientes que trabalham com design, provavelmente sabe que a Comic Sans tem uma péssima reputação, apesar de ser bastante comum em sinalizações populares.

Dave e Holly Combs, designers gráficos de Indianápolis, iniciaram um site chamado Ban Comic Sans ("Proíba a Comic Sans", em tradução livre) em 1999, depois que seu empregador insistiu que eles usassem a fonte para uma exposição de museu infantil.

Quando Lebron James deixou os Cavaliers para "levar seu talento" ao Miami Heat, em 2010, o dono dos Cavaliers, Dan Gilbert, escreveu uma carta furiosa no site da equipe, em Comic Sans. Embora muitos estivessem irritados com a saída de James, a intensidade da carta escrita por Gilbert foi atenuada pela escolha pitoresca (ou, se formos menos generosos, pela escolha ridícula) da fonte que usou.

Quando a Organização Europeia para a Pesquisa Nuclear, conhecida como CERN, descobriu o Bóson de Higgs, também conhecido como a partícula de Deus, em 2012, a descoberta foi quase ofuscada pela repugnância das pessoas depois que os cientistas apresentaram suas pesquisas em Comic Sans.

Dois designers franceses, Thomas Blanc e Florian Amoneau, iniciaram um Tumblr chamado Projeto Comic Sans, no qual eles reimaginaram logos de marcas famosas refeitos em Comic Sans, e é um pouco decepcionante ver algo tão icônico quanto o logo da banda AC/DC transformado em outro de aparência lúdica, apenas mudando a fonte.

Quando o papa Bento XVI renunciou, a Santa Sé publicou um livro digital cheio de fotos do seu papado e cometeu o "pecado capital" do design ao usar a Comic Sans como família tipográfica.

Até Weird Al Yankovic fez piada com a fonte na sua canção "Tacky", cantando: "Got my new resume, it's printed in Comic Sans" [Fiz um novo currículo, está impresso em Comic Sans].

Eu perguntei aos professores por que as escolas usam Comic Sans, e a melhor resposta que recebi (além de "é como sempre fizemos") é que a fonte é a mais parecida com a forma das letras escritas pelos alunos quando eles estão sendo alfabetizados. É uma das poucas fontes que mostram a letra "a" minúscula da forma como as crianças são ensinadas a escrevê-la, enquanto outras fontes têm um gancho na parte superior da letra.

Enquanto escrevo isto no Google Docs, são oferecidas dezesseis fontes para eu usar e apenas duas delas não têm esse gancho no topo. Adivinha quais? Cursiva e Comic Sans.

Diz-se também que a Comic Sans é uma fonte recomendada para quem tem dislexia, pois pode ser mais fácil para essas pessoas lerem fontes que se parecem com escrita cursiva, e o peso disso pode ser a sua vantagem. Mas os estudos têm variado sobre até onde isso pode ser verdade.

Não importa qual seja a sua opinião pessoal sobre Comic Sans, talvez você queira dar atenção a um conselho dos quadrinhos: "Com grandes poderes vêm grandes responsabilidades". Use Comic Sans sabiamente.

VOCÊ SABIA?

Quando você vê o termo "Sans" em um nome de fonte, ele se refere a "Sans Serif" (ou "sem serifa"). Serifas são as minúsculas linhas ligadas nas extremidades das letras, como vistas na Times New Roman, enquanto fontes como a Arial não têm serifa.

PARA PREGUIÇOSOS...

- A Comic Sans foi criada por Vincent Connare quando ele trabalhava na Microsoft, em 1994.
- Foi originalmente concebida para o Microsoft Bob, mas não foi terminada a tempo para o seu lançamento. Em vez disso, estreou com o aplicativo Windows Movie Maker.
- Quando Lebron James deixou o Cavaliers para jogar no time de Miami, em 2010, o dono da equipe, Dan Gilbert, escreveu uma carta furiosa no site do time em Comic Sans, o que o fez perder credibilidade.

CORRETIVO LÍQUIDO

Era uma vez, há muito, muito tempo atrás, quando não havia algo como o autocorretor (caramba!) ou mesmo uma tecla backspace, que deixasse você apagar o texto (minha nossa!)... Numa época em que as máquinas de escrever, a tinta e o papel eram a norma, as pessoas eram encarregadas de datilografar ou escrever à mão papéis e correspondências importantes. Ah, claro, havia borrachas para erros cometidos com lápis, mas, para documentos formais, as borrachas, às vezes, só faziam mais confusão.

Além de erros de ortografia, as máquinas de escrever eram conhecidas por emperrar ou até escrever algo na linha errada. Embora as aulas de digitação fossem comuns nas escolas secundárias, deve imaginar como era fácil cometer erros, se considerar que você digita no computador há muitos anos e ainda assim tem que usar a tecla backspace.

Em 1951, quando Bette Nesmith Graham, mãe solteira, encontrou trabalho como secretária executiva de W. W. Overton, Presidente do Conselho do Texas Bank and Trust, ela percebeu que era propensa a esses tipos de erros na sua datilografia. E ela não era a única. Os seus colegas também passaram a cometer mais erros quando o banco começou a usar máquinas de escrever elétricas.

(Agora, crianças, lembrem-se, esta história tem um final feliz, mas é aqui que entra a parte assustadora).

Naquela época, quando se cometia um erro num papel datilografado, o datilógrafo tinha que tirar a folha inteira da máquina de escrever e (uau!) jogá-la fora para começar do zero! Tudo por causa de um erro!

Um dia, Graham encontrou pintores decorando as janelas do banco para as festas de fim de ano. Graham notou que, quando os pintores cometiam um erro, eles apenas o cobriam com uma camada adicional de tinta, em vez de tentar refazer tudo. Isso lhe deu uma ideia.

Ela foi para casa e começou a fazer experiências com tinta têmpera branca na sua cozinha, devido às suas propriedades de secagem rápida e de longa duração. Graham começou a levar garrafas de sua criação para o trabalho para corrigir seus erros de digitação e, assim que outras secretárias viram o que era chamado de Mistake Out, em 1956, os pedidos começaram a chegar.

Graham percebeu que havia descoberto algo importante, especialmente com a nova popularidade das máquinas de escrever elétricas, o que tornava as pessoas mais propensas a erros devido à maior sensibilidade dos dedos em comparação às máquinas de escrever manuais.

Com um pouco de ajuda da professora de química de seu filho, Graham fez experiências com a fórmula e decidiu por uma combinação de dióxido de titânio, que é normalmente usado como potencializador de pigmentos em tintas e até mesmo em algumas maquiagens, com aguarrás, que permite que o produto seque mais rapidamente.

Ela renomeou sua invenção para Liquid Paper e começou a aprender gestão de negócios e marketing para ajudar a promover seu produto, enquanto ainda trabalhava como secretária.

Mas não por muito tempo.

Graham foi logo demitida de seu emprego por, apesar de tudo, um erro de datilografia. Ela acidentalmente digitou o nome da sua própria empresa no topo de uma carta em vez do nome do banco. Mas, nessa altura, já não importava. O Liquid Paper já tinha decolado e Graham podia dar-se ao luxo de dedicar todo seu tempo ao negócio.

Ela patenteou a fórmula do Liquid Paper e até apresentou o produto à IBM em 1957, mas foi recusada. No ano seguinte, a fábrica de Graham passou a entregar encomendas de dez mil frascos por dia, e as empresas perceberam que havia um mercado para o produto.

Em 1966, o Wite-Out chegou ao mercado como um concorrente e tornou-se o nome genérico para o corretivo líquido nos Estados Unidos. Graham conseguiu finalmente vender o produto em 1979 à Gillette, um ano antes de sua morte. Embora os computadores tenham tomado o lugar da maioria das máquinas de escrever, a popularidade do Liquid Paper para os casos em que alguém comete um erro com uma caneta e papel ainda mantém o produto (e o seu concorrente) no mercado.

VOCÊ SABIA?

Bette Nesmith Graham, a inventora do corretivo líquido, foi a mãe de Michael Nesmith, membro de um popular programa de televisão dos anos 1960 e integrante da banda The Monkees. Ele ficou conhecido por sempre usar uma boina verde e foi para a audição do programa com uma trouxa de roupa para dobrar enquanto esperava.

PARA PREGUIÇOSOS...

- Propensa a erros de digitação, Bette Nesmith Graham inventou o corretivo líquido em sua cozinha.
- A IBM recusou o Liquid Paper, não vendo um mercado para ele.
- O Wite-Out chegou mais tarde ao mercado, embora o nome acabasse por se tornar o termo genérico para corretivo líquido nos Estados Unidos.

CLIPE DE PAPEL

Muitos dos objetos sobre os quais estou escrevendo neste livro evoluem de uma forma ou de outra a partir de uma invenção original – mas não este. Na verdade, antes dos clipes de papel, os papéis eram mantidos juntos usando cordel ou cera. Era comum que os funcionários de escritório tivessem uma série de pequenos escaninhos nas suas mesas para manter juntos os papéis correspondentes.

Foram utilizados vários métodos para manter as folhas juntas, como colar as páginas, derreter cera de selagem, ou usar uma agulha e linha para costurar através de fendas feitas com um canivete nos papéis.

Um dos métodos mais populares foi o uso de alfinetes feitos de ferro no século XIX, mas, como você pode imaginar, as pessoas se espetavam facilmente. O problema comum a todos esses métodos era o dano feito às páginas.

Em meados de 1800, o aço tornou-se um material comum para se trabalhar, já que era facilmente maleável, mas ainda mantinha a sua força. Também tinha a característica de não enferrujar, o que o tornava ideal a se explorar para encadernação, em vez dos alfinetes de ferro que deixariam marcas de ferrugem nos papéis.

Muitos acreditam que esse objeto foi inventado na Noruega, por Johan Vaaler. Na verdade, um gigantesco monumento de clipe de papel foi erguido em Oslo para comemorar a invenção. Contudo, o clipe que Vaaler inventou não se assemelha aos que conhecemos hoje (e o monumento a ele nem sequer tem seu desenho original do clipe).

O design de Vaaler, criado em 1899, era parecido com uma versão retangular do clipe de papel que conhecemos, mas sem a curva interna.

No entanto, clipes de papel continuaram a ocupar um lugar especial na história da Noruega. Voltando à Segunda Guerra Mundial, foi decretado ilegal prender qualquer tipo de remendo à roupa, especialmente se fosse algo que mostrasse lealdade ao rei. Os noruegueses começaram a prender um único clipe de papel às suas roupas como uma forma de mostrar solidariedade.

Antes disso, porém, um estilista, chamado Samuel B. Fay, tinha projetado um clipe para ser usado para prender bilhetes a peças de roupa. Tinha a forma de uma cabana invertida, um triângulo com os dois lados angulados que se estendiam para além do ponto em que se encontravam. Mas, mais uma vez, ainda não é bem o clipe de papel que conhecemos hoje.

O clipe de papel dos tempos modernos não está realmente patenteado, mas a máquina que o faz, sim. O nome oficial em inglês do clipe de papel com o qual estamos mais familiarizados é Gem Paper Clip. Ninguém realmente sabe quem inventou o primeiro, embora haja uma especulação incorreta de que ele veio da empresa Gem Manufacturing Company, na Grã-Bretanha, na década de 1870.

Embora o objeto tenha chegado aos Estados Unidos na década de 1890, apenas em 1899 foi emitida uma patente para William Middlebrook, de Connecticut, pela máquina que pega um fino pedaço de aço e o gira duas vezes para formar o clipe.

Esse design era suficientemente flexível para manter os papéis juntos e, devido a curva adicional, tirar o clipe não resultaria em rasgar o papel como fazia a invenção de Vaaler. Middlebrook vendeu a patente do design para a empresa de produtos para escritórios Cushman & Denison, que registrou o nome Gem Paper Clip.

Embora tenham surgido variações, o design original dura mais de cem anos e não mostra sinais de ir embora tão cedo.

O clipe já está bastante onipresente. Mesmo que não vejamos um físico diariamente, vemos seu símbolo no botão para anexar um documento a um e-mail.

Além de manter os papéis juntos, um canadense chamado Kyle Macdonald encontrou outro uso para ele. Ele se viu sem emprego, mas tinha um site e um clipe vermelho. E, no início dos anos 2000, sabia que a loucura por comprar, vender e negociar no eBay poderia ser sua oportunidade de conseguir uma casa.

Então ele criou um site com a intenção de trocar o seu clipe de papel, e negociou até finalmente chegar a uma casa. No início, ele começou trocando seu clipe de papel vermelho por uma caneta em forma de peixe, depois a caneta por uma maçaneta de porta, depois a maçaneta de porta por uma churrasqueira. Ele passou por umas catorze trocas com outras coisas, como uma aparição ao vivo com Alice Cooper e um papel pago em um filme, para finalmente acabar trocando por uma casa em Saskatchewan.

Mas provavelmente o clipe de papel mais notável de todos seria o Clippy. Ou Clippit, que é seu nome verdadeiro.

Quando a Microsoft apresentou seu assistente do Office, o Clippy, alguns até poderiam dizer que ele foi o predecessor dos *bots* de atendimento ao cliente e até mesmo dos nossos dispositivos domésticos inteligentes. Ele foi, na verdade, uma espécie de reencarnação do Microsoft Bob, que ajudou os novos usuários de PC a navegarem no Windows. O Microsoft Bob (do qual falamos no capítulo sobre Comic Sans), no entanto, com seus gráficos simples, virou piada por ser infantil e foi rapidamente eliminado em 1995.

A Microsoft tentou reviver a ideia de um assistente com Clippy, que começou a aparecer no Microsoft Office em 1997. Seu criador, Kevan Atteberry, foi contratado pela Microsoft para desenhar o Clippy, o que, curiosamente, ele fez em um Mac.

Para aqueles que não estavam por aqui naquela época, se você abrisse um documento do Microsoft Word e começasse a digitar a palavra "Querido", por exemplo, um pequeno clipe antropomorfizado apareceria no canto inferior direito com um balão de diálogo que diria algo do tipo: "Parece que você está escrevendo uma carta. Gostaria de alguma ajuda?" Claro, podia-se desativar o Clippy, mas o fato de ele estar sempre aparecendo às vezes irritava muitas pessoas. Na verdade, alguns dos primeiros memes de que me lembro foram de pessoas usando o Paint para sobrepor frases desagradáveis no balão de diálogo do Clippy, para fazer com que ele dissesse coisas como "às vezes eu observo você dormindo", já que ter algo como um assistente digital não era tão comum quanto hoje.

Eventualmente, a Microsoft percebeu que o Clippy não era tão popular quanto eles esperavam e, em 2002, ele foi desativado na versão padrão. Em 2004, a Microsoft começou a realizar uma campanha antimarketing para matá-lo, acredite ou não, e então, em 2007, ele foi finalmente retirado do software Microsoft Office.

VOCÊ SABIA?

Assim como os noruegueses prenderam clipes de papel às suas roupas durante a Segunda Guerra Mundial como símbolo de solidariedade, em tempos mais recentes, o alfinete de segurança preso à roupa tornou-se um símbolo de apoio no Reino Unido aos refugiados, após a votação para deixar a União Europeia em 2016; assim como nos Estados Unidos, após a eleição de Donald Trump, para aqueles que queriam se identificar como aliados das mulheres, imigrantes, LGBTs e grupos minoritários.

PARA PREGUIÇOSOS...

- Antes dos clipes de papel, os papéis eram mantidos juntos amarrando um fio à sua volta, usando cera ou cola, ou uma agulha e linha para costurar as páginas.
- Johan Vaaler, da Noruega, é celebrado como o inventor do clipe de papel, mas não com o mesmo design que conhecemos hoje, embora o monumento que comemore sua invenção o represente assim.
- O antigo assistente do Microsoft Office em forma de clipe de papel é conhecido como Clippy, mas seu nome verdadeiro é Clippit.

CARTA DE DEMISSÃO

(*PINK SLIP*)

Durante toda a minha pesquisa sobre isso, um nome continuava a surgir: Peter Liebhold, curador do Museu Nacional de História Americana do Instituto Smithsonian, em Washington, DC., que tem procurado a origem do *pink slip*, só para se deparar com vários becos sem saída, infelizmente.

Há uma história que remonta a origem aos primeiros tempos da Ford Motor Company, quando os supervisores colocavam papéis brancos nos escaninhos de alguns trabalhadores para mostrar que eles estavam fazendo um bom trabalho e papéis cor-de-rosa nos de outros trabalhadores como um sinal de que estavam a ponto de serem demitidos.

No entanto, o autor dessa história foi um consultor de gestão que a escutou na faculdade e não podia realmente verificar a sua exatidão.

Também se observa que, em 1904, eram emitidos avisos aos tipógrafos em pedaços de papel cor-de-rosa, e se um tipógrafo recebesse muitos dele, seria demitido. Outra referência surge em uma publicação num papel cor-de-rosa num jornal de Atlanta, com uma manchete que dizia: “Nada como a perspectiva de um *pink slip* para encher um atleta de entusiasmo e motivação.”

No Oxford English Dictionary, encontramos a referência de uma das primeiras vezes em que a frase foi usada, em uma *pulp novel* chamada *Covering the Look in Corner*, de Gilbert Patten, sobre beisebol. Isso em 1915, quando foi mencionado por um personagem que dizia: "E peça a Murphy para me dar um *pink slip* hoje à noite".

Assim, embora possamos nunca encontrar a primeira empresa conhecida pelos *pink slips*, a frase permanece no léxico dos Estados Unidos. Não é apenas uma gíria, mas a expressão é também usada hoje em dia nos documentos de demissão de trabalho.

Em 2008 e 2009, quando os EUA experimentaram um aumento do desemprego, tornou-se moda realizar festas *Pink Slip* no dia de uma demissão em massa. Eram servidos champanhe cor-de-rosa barato, drinks da mesma cor e algumas festas envolviam até organizadores que convidavam recrutadores de outras empresas. Felizmente, desde 2010, o desemprego tem diminuído constantemente e tais festas não são tão comuns.

Mesmo que não saibamos a origem do primeiro *pink slip*, a expressão é conhecida em todos os EUA, enquanto, na Alemanha, ser demitido é referido como receber a carta azul, e, no Exército francês, o departamento pessoal entrega um papel amarelo.

Alguns supõem que o *pink slip* não tenha nada a ver com a cor do papel, mas com o verbo *to pink*, que significaria "picotar", como no termo *pinking shears*, que é um tipo de tesoura para tecidos. *Pink* também tem o sentido de ridicularizar; uma das histórias afirmava que o papel era cor-de-rosa para que outros funcionários vissem claramente quem estava sendo demitido.

Mas sabemos a origem do termo *pink slip* quando se refere a documentos de carros, como foi usado no filme *Grease*.

O termo referia-se à cor do documento de propriedade de veículo na Califórnia até 1981 (ou 1988, dependendo da fonte). O certificado era um pequeno pedaço de papel de cerca de 10 por 12 centímetros, até que o estado mudou para um tamanho maior, com um arco-íris, o que o tornava mais difícil de ser falsificado. Atualmente, ele voltou a ser rosa, mas agora com uma borda azul.

VOCÊ SABIA?

Embora Liebhold ainda não tenha sido capaz de rastrear a origem do termo *pink slip*, ele descobriu que as secretárias costumavam empacotar documentos em fio vermelho, dando origem ao termo *red tape*, uma gíria para burocracia, em inglês.

PARA PREGUIÇOSOS...

- As origens do termo *pink slip* são difíceis de rastrear, embora uma história aponte para a Ford Motor Company colocando papéis brancos ou cor-de-rosa nos cubículos dos trabalhadores, com a cor branca significando que eles tinham feito um bom trabalho, enquanto o rosa significava que tinham ido mal.
- Após as demissões em massa de 2008 e 2009, festas *pink slip* eram organizadas por funcionários demitidos.
- O termo também se refere a escrituras de veículo, uma vez que, até os anos 1980, o papel em que eram impressos era cor-de-rosa.

PARTE DOIS

NA MODA

BOTÕES

Antes de serem conhecidos como prendedores, historicamente, os botões eram decorativos. Os primeiros datam de 2000 a.C., embora alguns pesquisadores aleguem que já existiam há muito mais tempo. Acredita-se que os romanos foram os primeiros a usar o botão como forma de fechar roupas, passando o tecido por cima dele. Os romanos também são conhecidos por terem criado outro fixador, chamado fíbula, que é um broche precursor do alfinete de segurança atual.

Os botões já foram feitos de quase todos os materiais imagináveis. Eles chegaram ao mundo ocidental por soldados britânicos que regressavam das Cruzadas, trazendo consigo botões intrincadamente pintados, feitos pelos turcos e mongóis. Os fashionistas medievais foram inspirados por eles, e os vestidos da classe alta começaram a ser adornados com as suas próprias versões.

Alguns anos depois, quando a moda começou a favorecer uma silhueta mais sob medida, foi que o botão se tornou um tipo de fecho. Ele permitiu aos costureiros criar looks que pudessem se ajustar ao corpo, acentuando a cintura e até apertando as mangas para não terem que ser costuradas de manhã e cortadas à noite.

Logo os materiais dos botões foram atribuídos a diferentes classes sociais, tendo os mais prósperos o poder de ter os materiais mais opulentos, como metais ou pedras preciosas, enquanto os fabricantes de rosários recebiam chifres, ossos ou marfim. Os botões de madeira ou de tecido foram relegados para a classe inferior. Os vários materiais mudaram entre as classes com o tempo, embora os que estavam no poder ou os mais ricos ainda fossem capazes de obter os mais extravagantes, usando-os para decoração além de sua função como prendedores.

Os colecionadores olham para o século XVIII como a era de ouro dos botões, já que eram mais intrincados e maiores naquela época. Muitos retratavam esculturas de mitos ou personagens antigos. Os botões também passaram da forma mais esférica para a mais plana, tornando-se telas perfeitas para os pintores da época.

Quando a rainha Vitória chorou a morte de seu marido, o príncipe Albert, em 1861, ela começou a tendência de usar botões feitos de âmbar negro, muitos com seu monograma, VR, que significava Vitória Regina. Estes ficaram conhecidos como Botões de Luto. Os seus súditos adotaram e a procura por eles cresceu.

Outra tendência dos botões vitorianos foi o uso de litografias e retratos de figuras e celebridades de grande importância. Maravilhas internacionais, como a Torre Eiffel, também foram estampadas em botões de metal.

Os botões eram usados em quase todas as facetas da moda, inclusive em sapatos, exigindo uma ferramenta chamada gancho de botão para ajudar as pessoas a prendê-los. Você deve se lembrar de uma cena no filme *A princesinha*, de 1939, na qual a personagem de Shirley Temple, Sara, tem problemas para usar seu gancho de botões.

Mas os botões mais comuns eram os que tinham quatro buracos. Estes deixavam pouco espaço para a decoração, mas eram mais práticos e permaneciam nas roupas por mais tempo do que aqueles com laços de fixação nas costas.

Com a chegada do zíper, em 1913, a venda de botões começou a diminuir; no entanto, eles se mostraram úteis durante a Segunda Guerra Mundial, pois muitos botões usados nos uniformes eram feitos de tal forma que, se um piloto fosse abatido, ele poderia remover um botão e usá-lo como bússola, porque ele era de fato uma bússola miniatura, feito para apontar magneticamente para o Norte quando suspenso por um fio. As insígnias e os variados carimbos nos botões militares também os tornam populares entre os colecionadores de botões atualmente.

VOCÊ SABIA?

Joseph Coors Jr. – da família da cerveja Coors – decidiu criar um botão indestrutível em 1989. Ele encomendou um, feito pelo departamento de cerâmica da empresa cervejeira da família. O óxido de zircônio foi usado para tornar o botão Coors mais duro e muito mais forte que o aço.

PARA PREGUIÇOSOS...

- Os botões existem há milhares de anos, embora na maior parte do tempo tenham sido utilizados principalmente para fins decorativos.
- Durante a era vitoriana, os fabricantes de botões começaram a fazê-los mais planos e a pintar ou esculpir pequenas obras de arte neles. Estes ainda estão entre os mais cobiçados pelos colecionadores.
- Antes dos zíperes e outros fechos, botões eram usados em tantas peças de roupa que um dispositivo especial conhecido como gancho de botão era usado para sapatos e luvas.

BIGODES

Os bigodes entram e saem de moda ao longo da história. Os estilos evoluíram com o tempo, com um dos tipos mais populares vindo da arte dos anos 1600, especificamente de retratos do rei Carlos I feitos por sir Antoon van Dyck. Eles exibiam o rei com uma barbicha pontiaguda e um bigode do tipo *handlebar*, com pontas curvadas para cima. Às vezes, essa combinação é chamada de Charlie, mas, na maioria das vezes, é chamada de Van Dyck.

No final do século, os pelos faciais passaram por outra baixa na popularidade – tanto que, quando o czar Pedro, da Rússia, voltou de sua viagem pela Europa Ocidental, em 1698, conta-se que ele pegou uma lâmina e começou a barbear os convidados em sua festa de boas-vindas, e foi decretado que os rostos deveriam ser mantidos bem barbeados para imitar os rostos sem pelos do ocidente. Depois de um tempo, foi criado um imposto sobre a barba àqueles que desejassem manter seus pelos faciais.

Os bigodes voltaram à moda durante a era vitoriana e foram tão populares que foi inventado um novo utensílio: uma colher com um recorte em formato de bigode, usado sobre a tigela para proteger o bigode da comida.

Eles caíram novamente em desuso na época da Grande Depressão, quando panfletos advertiam os candidatos a emprego sobre o uso de bigodes no trabalho, o que se dizia dar uma impressão ruim e desgrenhada. Na Segunda Guerra Mundial, não só os soldados bem barbeados ditaram a tendência, mas o outrora popular bigode à escovinha (sim, ao estilo de Adolf Hitler) saiu de moda e nunca mais voltou, como você pode imaginar, apesar do amor por Charlie Chaplin.

Parece estranho que tenha sido há tanto tempo, mas William Howard Taft foi o último presidente americano a usar bigode, embora o candidato presidencial Thomas Dewey estivesse perto de privar Taft dessa honra quando concorreu contra Franklin Roosevelt, em 1944, e Harry Truman, em 1948.

A moda do bigode vem e vai, mas muitos clássicos ainda são comumente vistos, como o bigode de morsa de Teddy Roosevelt (que também é o favorito do ator Wilford Brimley) ou os icônicos bigodes estilo *chevron* conhecidos por adornar os rostos de Freddie Mercury, Burt Reynolds e Tom Selleck, ou mesmo o bigode em ferradura, marca registrada de Hulk Hogan (não confundir com o tipo Fu Manchu, que chega até o queixo de forma semelhante, mas só está ligado ao rosto acima do lábio).

A propósito, o Fu Manchu recebeu esse nome graças ao dr. Fu Manchu, personagem mais frequentemente retratado como um gênio do mal em romances, filmes, programas de rádio e quadrinhos na primeira metade do século XX.

A queda de prestígio do bigode, na época da Segunda Guerra Mundial, incluiu o mundo do beisebol. Satchel Paige era o último jogador de beisebol da liga principal a usar bigode durante um jogo, nos anos 1940, até Reggie Jackson chegar ao treino de primavera de 1972 de seu time, os Oakland A's, usando o que os companheiros de equipe chamavam de bigode desgrenhado.

Rollie Fingers, então companheiro de equipe de Jackson, procurou seus colegas de equipe, com um plano que todos eles deixariam crescer os bigodes, esperando que os pelos faciais fossem banidos pela diretoria, o que forçaria Jackson a se barbear também. Mas o tiro saiu pela culatra. O proprietário, Charlie Finley, e o gerente, Dick Williams, ofereceram aos jogadores trezentos dólares cada um para cultivar bigodes no dia da abertura.

Diz-se que Rollie ficou tão apegado ao que se tornou um bigode *handlebar* encerado que, quando lhe foi oferecido uma vaga nos Cincinnati

Reds, em 1986, ele optou por se aposentar, já que os Reds se recusaram a isentá-lo da política do time de não usar pelos faciais.

Em 2003, dois amigos em Melbourne, Austrália, estavam falando sobre tendências em um bar e decidiram que era hora do bigode se tornar moda novamente. Eles decidiram criar uma campanha de angariação de fundos, enviando um e-mail a trinta outros amigos com uma proposta para que cada um deles contribuísse com dez dólares a favor da conscientização e prevenção do câncer de próstata e que deixassem crescer o bigode durante o mês de novembro. Com isso, nasceu o Movember.[1]

No ano seguinte, a iniciativa cresceu, e o Movember tornou-se oficial. Desde então, a cada mês de novembro, mais homens angariam dinheiro e apoiam a causa – agora não apenas para o câncer de próstata, mas também para o câncer de testículo e para a saúde mental masculina. Mais de 730 milhões de dólares australianos (cerca de 562 milhões de dólares americanos) foram angariados por meio dos esforços do Movember.

Eles projetam que, até 2030, reduzirão em vinte por cento as mortes prematuras de homens.

VOCÊ SABIA?

Alex Trebek disse adeus ao seu clássico bigode em 2002; no entanto, sempre que Will Ferrell o retrata no Saturday Night Live, ele é mostrado com um bigode.

---

1. Junção da palavra *moustache* ("bigode", em inglês) com *november* ("novembro", em inglês).

PARA PREGUIÇOSOS...

- O bigode entra e sai de moda continuamente, e um imposto sobre a barba foi decretado na Rússia durante os anos 1600, quando o czar Pedro decidiu barbear o rosto dos convidados da sua festa para imitar o mundo ocidental.
- Durante a Grande Depressão, recomendava-se aos que procuravam emprego barbear o rosto.
- O Movember foi iniciado por dois amigos na Austrália, depois de terem conversado sobre trazer o bigode de volta à moda, na esperança de arrecadar dinheiro e aumentar a conscientização sobre o câncer de próstata.

ESMALTE

Em 3200 a.C., os soldados babilônicos eram conhecidos por manchar as unhas antes da batalha como parte de sua pintura de guerra e estratégia para intimidar seus inimigos. Mas a primeira tinta conhecida para unhas foi desenvolvida na China por volta de 3000 a.C., usando uma mistura de cera de abelha, clara de ovo, gelatina, goma arábica e corantes vegetais. Nessa época isso era usado para codificar as pessoas por cores, de acordo com sua posição na sociedade. Com o passar dos séculos, a decoração das unhas tornou-se uma forma de demonstrar que quem a usava não tinha de se dedicar a trabalhos manuais, sendo assim mais abastado do que outros.

Ouro e prata eram as cores usadas pelas classes mais altas, enquanto preto e vermelho eram as usadas pelos guerreiros, e cores pastéis pelas classes mais baixas.

No século XIV a.C., criar desenhos com hena nas mãos tornou-se um ritual popular. A rainha Nefertiti ficou conhecida por popularizar o seu uso nas mãos e nos pés, mas foi Cleópatra, no século I a.C., quem democratizou a pintura apenas das unhas. Ela preferia o vermelho escuro, enquanto as pessoas comuns só podiam usar cores mais suaves ou pastéis.

Até onde os historiadores sabem, o esmalte não mudou muita coisa ao longo dos anos, embora, quando se olhe para pinturas clássicas ao longo da Idade Média e do renascimento, seja difícil encontrar uma mulher com unhas pintadas. Em contraste, nos anos 1400, os astecas e os incas usavam a arte das unhas como totens para a batalha, utilizando madeira e corantes naturais para desenhar águias em suas unhas.

Embora, nesse caso, o esmalte de verdade possa não ter sido usado, as unhas e as mãos eram muito bem cuidadas, especialmente por aqueles da classe alta.

Diz-se que a manicure do rei Luís desenvolveu a primeira lixa de unhas a partir de uma ferramenta dentária.

Os salões também se tornaram populares em Paris no final do século XIX, usando cremes, óleos e pós para limpar e polir as unhas. Na verdade, o termo "polir" vem do ato de fazer brilhar as unhas. Em 1878, encontrando-se divorciada e necessitada de dinheiro, Mary Cobb abriu o primeiro salão de manicure dos Estados Unidos, em Manhattan.

Acredite ou não, foi a invenção da nitrocelulose, criada como um explosivo na década de 1830, que se tornou a base do esmalte de unha atual. A celulose era misturada com ácido nítrico, originalmente para fazer uma pólvora sem fumaça, mas também podia ser usada para fazer vernizes que endurecessem.

A marca Cutex usou nitrocelulose para fabricar esmaltes, embora a fórmula não tenha sido pigmentada de forma consistente até mais tarde.

Combinando nitrocelulose com tinta colorida, os fabricantes de automóveis encontraram o material perfeito para pintar carros. Mas, quando uma maquiadora francesa chamada Michelle Ménard, que trabalhava para uma empresa automobilística, viu isso, achou que daria uma ótima tinta para unhas. Ela levou sua ideia para a empresa Charles Revson e, juntos, começaram a fabricar esmaltes na década de 1920. A empresa logo mudou seu nome para Revlon, como conhecemos hoje.

Mesmo durante a Grande Depressão, os esmaltes tinham preços acessíveis o suficiente para fazer com que as mulheres sentissem que podiam dar-se a um pouco de luxo. Graças à tendência estabelecida anteriormente pelo salão de manicure de Cobb, as mulheres podiam se cuidar em suas casas e ter suas unhas recém-pintadas.

No final da Primeira Guerra Mundial, a moda se voltava para escolhas mais ousadas para as mulheres, deixando de lado os looks mais conservadores das últimas décadas. Isso incluía o esmalte de unha. Além das cores mais vivas dos esmaltes oferecidos, outra tendência na pintura de unhas foi a meia-lua, em que apenas a metade das unhas eram pintadas, deixando a parte superior, sem pintura, em formato de lua crescente. No início do século XX, as unhas eram mantidas claras, curtas e arredondadas, mas, na década de 1930, a manicure em meia-lua era vista em unhas que terminavam numa ponta afiada. As atrizes Dorothy Flood e Joan Crawford eram conhecidas por usarem esse estilo.

As unhas acrílicas foram desenvolvidas em 1957 por um dentista chamado Fred Slack Jr., que cortou acidentalmente a unha do polegar. Devido à emergência, ele usou uma combinação de folha de alumínio e acrílico dental para fixar a unha e percebeu que seria a solução perfeita para as mulheres que não conseguiam cultivar as unhas longas que estavam na moda. Com seu irmão Tom, ele desenvolveu as primeiras extensões acrílicas.

Há dois homens que afirmam ter inventado a manicure francesinha. Para aqueles que não sabem, uma unha francesinha é cor-de-rosa ou bege, de aspecto natural, com as pontas pintadas de branco. O primeiro a reivindicar a ideia foi Max Factor, que a criou para as mulheres de Paris, nos anos 1930, que buscavam um visual claro. Quem já pintou as unhas no estilo francesinha sabe que as pontas brancas fazem com que as mãos pareçam sempre limpas.

Mas a história mais conhecida por trás da manicure francesinha é a de um maquiador de Hollywood chamado Jeff Pink, que, em 1975, tinha o trabalho de pintar e repintar as unhas das atrizes para cada dia de filmagem. Como os filmes não são filmados em ordem cronológica, os esmaltes tinham que ser mudados de acordo com as cenas. Ele levou a manicure francesinha não apenas para atrizes no set, mas também para modelos de passarelas em Paris, para um visual que combinava com suas roupas em constante mudança.

Atualmente, os esmaltes podem ser encontrados em quase todas as tonalidades imagináveis. Novas tendências de esmaltes e arte de unhas surgem todos os anos, muitas vezes apresentadas por celebridades. Um dos tons mais populares dos esmaltes Chanel chama-se Rouge Noir, uma mistura de vermelho escuro e preto pensado para parecer sangue seco, que foi popularizado por Uma Thurman em *Pulp Fiction*.

VOCÊ SABIA?

Houve alguns casos, ao longo dos anos, de pessoas furando suas unhas e usando pequenos pingentes ou joias nos buracos. A tendência foi iniciada pela atriz americana Titania, em 1897, que usava argolas cravejadas de diamantes em suas longas unhas, mas enquanto alguns previam que se tornaria uma grande tendência, ela nunca decolou.

PARA PREGUIÇOSOS...

- A pintura de mãos e unhas existe desde 3000 a.C.
- Embora a manutenção das unhas tenha sido uma tendência constante, só no século XX é que as inovações na pintura de automóveis abriram caminho para o esmalte de unhas em diferentes tonalidades.
- A origem da manicure francesinha é contestada entre Max Factor na década de 1930 e um maquiador chamado Jeff Pink em 1975.

BOLSOS

Alguma vez você já se perguntou por que os bolsos das mulheres são normalmente muito menores do que os dos homens? Na verdade, foi assim que começaram os bolsos. Os homens tinham algibeiras, que serviam como bolsos, costuradas em suas calças, coletes ou sobretudos até o século XVII, mas, se uma mulher quisesse um lugar para manter seus pertences seguros enquanto viajava, ela tinha que ter bolsas especiais amarradas com fitas debaixo de todas aquelas camadas de saias e saiotes. Para chegar até elas, precisaria levantar todas as camadas e (escandalosamente) mostrar a pele.

Como era raro para uma mulher ser a guardiã do dinheiro naquela época, o que ela guardava nos bolsos? Parece que não eram necessariamente os pequenos bolsos que hoje reconheceríamos. Dizia-se que as mulheres carregavam almofadas de alfinetes e material de costura; caixas de rapé; frascos de sal de cheiro – já que o desmaio era ocorrência comum – e, até mesmo, bolos e doces.

Tornou-se comum que fendas fossem cortadas em saias para que as mulheres pudessem alcançar facilmente essas bolsas, mas, graças a Maria Antonieta popularizando vestidos mais delgados, de corte grego, a moda das saias e vestidos volumosos declinou, levando os bolsos internos com ela e favorecendo uma silhueta mais esbelta. Foi quando as bolsas exteriores foram introduzidas.

À medida que roupas com bolsos ficaram mais comuns, você pode imaginar que o número de batedores de carteiras também aumentou. Embora seja um incômodo, esses assaltantes têm um pouco de charme na cultura popular, desde Artful Dodger, do livro *Oliver Twist*, de Charles Dickens, furtando carteiras – numa época em que ser pego fazendo isso poderia render uma viagem apenas de ida para a forca –, até o ilusionista Apollo Robbins, hoje taxado como ladrão de carteiras teatral, que notoriamente roubou tudo do destacamento do Serviço Secreto de Jimmy Carter em 2001, exceto as armas. Isso incluiu o itinerário ultrassecreto do presidente e todas as chaves da comitiva.

Em 1906, Harry Houdini até escreveu um livro, chamado *The Right Way to do Wrong*, com uma passagem sobre várias maneiras que os ladrões de carteiras conseguiam realizar seus crimes:

> Um truque comum é o perpetrador carregar um xale ou sobretudo descuidadamente sobre o braço esquerdo e sentar-se do lado direito da pessoa que pretende roubar em um bonde ou outro veículo.
>
> Às vezes, uma faca pequena e muito afiada é usada para cortar o lado do vestido ou das calças da vítima, para que o conteúdo possa ser abstraído sem recorrer diretamente ao bolso. Outros desta classe de dedos leves usam sobretudos com grandes bolsos removidos. Eles se esforçarão para ficar perto de uma pessoa, de preferência uma mulher, que esteja pagando o bilhete e tenha mostrado uma bolsa bem cheia. O ladrão então descuidadamente joga seu casaco sobre o vestido dela e, ao inserir sua mão através da abertura externa do próprio bolso, calmamente prossegue para abstrair a bolsa dela.

Bem, provavelmente você não terá que se preocupar com ninguém cortando suas calças. Formas mais modernas de bater carteiras dependem principalmente de desviar a atenção: como usar um cúmplice para distrair a vítima enquanto o batedor de carteira tem uma desculpa aparentemente válida para se aproximar, como a técnica do "sanduíche", por exemplo.

Essa tática é quando o cúmplice caminha em frente ao alvo enquanto o batedor de carteira caminha atrás dos dois. Quando o cúmplice para de repente, inevitavelmente a vítima tromba neles, dando ao assaltante a oportunidade de se aproximar o suficiente e agarrar o conteúdo da mochila, bolsa ou bolsos com um rápido truque de mão.

Felizmente, os batedores de carteiras estão em declínio há mais de meio século. A escolaridade obrigatória tem mantido as crianças que seriam ladras em potencial fora das ruas, mas destinos turísticos movimentados ainda são alguns dos pontos mais populares para esses ladrões.

Uma das últimas tendências nos bolsos, no entanto, surgiu nos vestidos, um pedido muito solicitado.

Você pode ter visto memes na internet fazendo piada com isso, mas, como mulher, posso dizer que ficamos mesmo animadas quando os nossos vestidos vêm com bolsos. (Basta perguntar àqueles que elogiaram meu vestido de noiva. A primeira coisa que eu dizia era "Obrigada! Tem bolsos!")

Se você é homem, pode não ter percebido o pouco espaço de bolso que as mulheres têm. Às vezes, compramos calças e só depois descobrimos que os bolsos são falsos ou costurados. Mais uma vez, isso volta à silhueta que Maria Antonieta popularizou. Como os bolsos são normalmente localizados nos quadris, a indústria da moda (e as mulheres que tentam imitar as modelos de passarela) evitam adicionar mais volume a essa área.

No entanto, com os avanços tecnológicos que levaram a celulares maiores, a procura por bolsos aumentou. E, como um apelo pessoal, seria muito pedir que as calças cargo voltassem à moda?

Por outro lado, os fabricantes de bolsas são quem têm a ganhar com o fato da indústria da moda levar tempo para adicionar bolsos mais funcionais às roupas femininas. Eu brincava com uma colega de trabalho quando estávamos falando sobre seu vestido e decidimos nos unir contra a indústria de bolsas, ou Big Prada, como estamos chamando agora.

VOCÊ SABIA?

O major William P. Yarborough desempenhou um papel muito importante nas operações aéreas do Exército durante a Segunda Guerra Mundial. Insatisfeito com o macacão padrão para paraquedistas, ele não apenas ajudou a projetar melhores coturnos, mas também introduziu bolsos cargo no uniforme para guardar suprimentos adicionais.

PARA PREGUIÇOSOS...

- Embora fosse comum que os homens usassem algibeiras como bolsos costurados às suas calças no século XVII, o acessório feminino era geralmente um item separado preso debaixo das camadas de saias.
- Os batedores de carteira têm desaparecido progressivamente à medida que a escolaridade obrigatória se tornou mais popular.
- Os bolsos das mulheres são geralmente menores ou falsos, porque a indústria da moda tende a evitar a adição de qualquer volume extra aos quadris.

TATUAGEM

Ötzi, o Homem de Gelo, é o mais antigo humano mumificado já encontrado, datando de cerca de 5.300 anos atrás. Ele apresentava não apenas a evidência de orelhas furadas, como também tinha pelo menos 57 tatuagens. Estas consistem em pontos e pequenas cruzes dos tornozelos até o pescoço. Estima-se que sejam tatuagens medicinais, em oposição a decorativas, uma vez que elas correspondem às suas articulações, tensionadas durante toda a vida.

Milhares de anos depois, a tradição das tatuagens continuou com os egípcios, especialmente as mulheres. Descobriu-se que as mulheres mumificadas tinham tatuagens na parte superior das coxas, seios e estômago, e imagina-se que isso poderia ter sido feito para proteção durante a gravidez e o parto.

As tatuagens são populares há séculos em todo o mundo, com provas encontradas na Grécia, Itália, China, Japão e nas ilhas polinésias, de onde vem a palavra tatuagem.

Ela vem da palavra *tatau* do idioma taitiano, que significa bater ou golpear. A prática foi trazida para a Europa após a expedição do capitão James Cook, em 1769. Quando os missionários chegaram às ilhas e converteram os nativos ao cristianismo, eles tentaram parar a prática da tatuagem. Pensava-se que danificava o corpo e que este deveria ser mantido como um templo, mas a proibição não teve sucesso. A popularidade das tatuagens até aumentou, especialmente como uma forma de atrair boa sorte entre trabalhadores com empregos de alto risco, como mineiros ou marinheiros.

Não dá para saber quem é mais supersticioso, os atores ou marinheiros. No entanto, tirando as vezes em que trocam por engano uma faca cenográfica por uma de verdade, representar não oferece tantos riscos quanto navegar. Estar em mar aberto durante meses ou anos pode realmente testar a paciência e a fé de uma pessoa. Não é de se admirar que os marinheiros, assim como os militares que servem no mar, tenham procurado algo que lhes desse um pouco mais de sorte ou que os lembrasse o quão longe tinham viajado, como uma tatuagem de uma dançarina de hula do Havaí ou um dragão da China. Tatuagens de andorinhas eram feitas a cada cinco mil milhas náuticas percorridas, e as âncoras indicavam que o marinheiro tinha atravessado o Oceano Atlântico.

As tatuagens para dar sorte incluíam desenhos de porcos e galos, animais que eram enviados em caixas durante a Segunda Guerra Mundial; no caso de um naufrágio, essas caixas flutuavam e os animais sobreviviam. Tatuá-los nos pés de um marinheiro era um modo de ter esperança de que o marinheiro também sobreviveria a um naufrágio.

Você provavelmente já viu estrelas náuticas com muita frequência, pois elas são uma tatuagem bastante popular. Elas e a rosa dos ventos eram símbolos para um marinheiro encontrar o caminho de casa. Quando for a uma loja de departamento Macy's, diga aos seus amigos que a estrela vermelha no logotipo faz parte da tatuagem do fundador, R. H. Macy, que a fez quando era um jovem baleeiro.

O homem mais conhecido por suas tatuagens icônicas, especialmente aquelas associadas ao mar, é Norman Collins, mais conhecido como Sailor Jerry.

Influenciado pela arte e técnica orientais, ele ficou famoso no Havaí, desenvolveu seus próprios pigmentos e influenciou gerações de tatuadores, incluindo Ed Hardy. Também foi responsável pela popularização das agulhas de uso único e pelo uso de uma autoclave para esterilizar os instrumentos.

Antes das máquinas de tatuagem que temos hoje, os indígenas americanos e o povo das ilhas polinésias e havaianas usavam ossos afiados ou pedras para esculpir desenhos na carne, e depois preenchiam as feridas com fuligem de cascas de nogueira de Iguape queimadas ou corante natural.

As intrincadas e grandes tatuagens associadas à cultura samoana eram feitas usando uma ferramenta de corte de bambu com um pente que era mergulhado em tinta e perfurava a pele com os desenhos. Um procedimento semelhante foi utilizado no século XIX, com os ciganos no Egito atando várias agulhas e picando a pele, preenchendo-a depois com fuligem de madeira queimada ou óleo misturado com leite materno.

Quando Thomas Edison inventou a caneta elétrica, em 1876, ele usou um pequeno motor para mover uma agulha para cima e para baixo em uma folha de papel enquanto uma pessoa escrevia, criando um estêncil para copiar.

Infelizmente ela não virou moda, mas, quando o tatuador Samuel F. O'Reilly viu a caneta elétrica, percebeu que esta poderia ser uma maneira muito mais rápida de tatuar a pele, já que o tatuador padrão só podia perfurar a pele duas ou três vezes por segundo, enquanto a máquina acelerava o processo até cinquenta vezes por segundo. Nos 120 anos em que são usadas as máquinas de tatuagem, houve muito pouca diferença entre a ideia original de O'Reilly e a que os tatuadores usam hoje em dia.

VOCÊ SABIA?

O ator Sean Penn é um tatuador, e um de seus clientes foi o comediante David Spade, que tem uma tatuagem de Calvin (da HQ *Calvin e Haroldo*).

PARA PREGUIÇOSOS...

- As tatuagens foram usadas pela primeira vez na medicina em articulações estiradas e também em mulheres, para a fertilidade.
- As tatuagens náuticas continuam populares e cada símbolo representa uma viagem ou façanha do marinheiro.
- Quando a caneta elétrica de Thomas Edison não deu certo, Samuel F. O'Reilly viu o seu potencial como uma máquina de tatuagem.

CAMISETA

Talvez você se lembre de ver uma roupa de baixo engraçada em desenhos animados antigos. Ela era normalmente feita de flanela vermelha com pernas e braços e, provavelmente pelo que era mais conhecida, uma aba no traseiro. Basicamente, é o macacão de inverno de antigamente.

No final do século XIX, os trabalhadores cortavam esses macacões, que eram os trajes do sindicato, na altura da cintura e usavam só a metade de cima quando ficava muito quente, o que foi considerado o início das camisetas.

Na virada do século, os fabricantes de roupas encontraram uma maneira de criar um buraco para a cabeça que não requeria botões. A chave para essa inovação foi a capacidade dessa abertura de voltar ao normal sem esgarçar.

Em 1905, a Marinha dos EUA fez uma camisa branca lisa, de algodão, para ser usada por baixo do uniforme obrigatório, e aqueles que trabalhavam nas casas das máquinas dos navios podiam usá-las para maior conforto. Na Primeira Guerra Mundial, a camisa de baixo tinha entrado no uniforme oficial do Exército dos EUA. Por volta dessa época, a palavra *t-shirt*, apareceu pela primeira vez em *Este lado do paraíso*, de F. Scott Fitzgerald.

Há um rumor de que a camiseta caiu em desuso após o filme *Aconteceu naquela noite*, de 1934, que apresentou uma cena em que Clark Gable desabotoava sua peça para revelar um peito nu, mas não há evidências factuais que sustentem essa teoria. Aliás, a primeira aparição de uma camiseta temática ocorreu em um filme da mesma década. No filme, três homens são vistos enfiando palha em um espantalho enquanto usam camisetas verdes com a palavra "Oz" escrita nelas. Esse filme, é claro, é *O Mágico de Oz*.

Jovens atletas do ensino médio foram responsáveis por levar as camisetas para a geração mais jovem, já que elas eram usadas para evitar que os enchimentos dos equipamentos de futebol irritassem a pele. Mas foi a atuação de Marlon Brando como Stanley Kowalski em *Um bonde chamado desejo*, de 1951, que se tornou mais associada ao uso da camiseta como uma peça exterior. Logo depois, ela tornou-se uma tela de tecido em branco para as empresas e marcas mostrarem seus logotipos.

Não são apenas as empresas que gostam de estampar seus logotipos nas camisetas. Há muitas tendências em camisetas ao longo dos anos. Como a de Che Guevara, por exemplo.

O rosto do revolucionário marxista Che Guevara tornou-se um desenho popular em camisetas por causa de sua associação com a derrubada de um governo opressivo em Cuba. Mas ele também fez parte de um movimento para proclamar o governo comunista de Fidel Castro. Aqueles que usam seu rosto em camisetas como forma de rebelião e individualismo podem não saber que era Che quem reunia os jovens rebeldes nas ruas e os colocava para trabalhar em acampamentos.

Como muitas tendências que encontram seu caminho em determinado tempo, usar a camiseta de Che Guevara tornou-se *passé*, especialmente depois que a marca Urban Outfitters recolheu produtos com o rosto de Che, em 2012, após uma carta aberta condenar a marca por promover uma figura que representava visões antidemocráticas e a repressão de milhões sob os regimes comunistas em Cuba e no mundo inteiro.

Outra camiseta notável surgiu quando a estilista Katharine Hamnett desenhou uma camiseta branca com grandes letras pretas que formavam da frase *Choose Life* no clipe da banda Wham! "Wake Me Up Before You Go-Go". Hamnett disse que queria que o seu design fosse copiado, e slogans semelhantes com grandes fontes nas camisetas continuaram a ser populares; em especial como parte de uma tendência efêmera de 2011, com um episódio de *Glee* chamado "Born This Way", em que os personagens usaram as peças de roupa para realçar os seus atributos singulares.

De volta ao ensino médio, lembro-me de implorar aos meus pais por uma *t-shirt* de quarenta dólares da Calvin Klein com o pequeno C e o grande K que todos tinham. Quando poupei dinheiro suficiente no aniversário, fui comprá-la, e foi quando os jovens descolados da escola me disseram que eu era uma *poser* por usá-la, já que nem sequer tinha um jeans da marca.

Se quarenta dólares parecem muito para uma camiseta – o que é, não me leve a mal –, isso não é nada comparado com a zombaria do público quando Kanye West se juntou à marca francesa APC para criar uma linha de roupas, estrelando uma camiseta branca chamada de Hip-Hop T-Shirt, cotada a 120 dólares. Se isso for muito para você, no ano seguinte, ele lançou a camiseta simples que, mais uma vez, era branca, por "apenas" noventa dólares.

Quando você assiste a um grande evento esportivo, como o Super Bowl ou a World Series, você pode notar imediatamente a equipe vencedora comemorando sua vitória e usando bonés ou camisetas do campeonato com o logotipo da equipe. No dia seguinte, as peças de vestuário do time vitorioso estão disponíveis em muitas lojas para os fãs comprarem. É impressionante como isso é conveniente, certo? Mas o que acontece com os produtos feitos para a equipe perdedora, que também estavam à mão?

Eles costumam ser queimados e destruídos, já que ninguém iria querer comprar uma camiseta incorreta que diz "Atlanta Falcons Campeões do Super Bowl 2017", quer dizer, a menos que você realmente odiasse os Patriots e reconhecesse apenas a primeira metade do jogo. Hoje, em algum lugar do mundo, as pessoas estão usando chapéus e camisetas proclamando os Falcons vencedores, isso por causa de um grupo chamado World Vision, que coleta trajes esportivos indesejados e os distribui para pessoas em áreas de desastre e nações pobres.

Quando os Colts perderam o Super Bowl, em 2010, a mercadoria incorreta da vitória da equipe foi enviada ao Haiti, que tinha acabado de ser atingido por um terremoto.

Apenas cerca de dez por cento do vestuário doado na América é colocado novamente nas prateleiras americanas em lojas de segunda mão, como a Goodwill ou o Exército da Salvação. Grande parte é enviada para países em desenvolvimento ou pobres para ser comprada a um preço baixo e depois posta à venda nos mercados de rua, incluindo todas aquelas camisetas promocionais grátis que você possa ter ganhado.

Embora isso seja visto como bom para aqueles vendedores de rua, o baixo preço do vestuário de segunda mão coloca fábricas e varejistas dessas regiões fora do negócio. Se você é corpulento e doa suas roupas, elas não vão servir muito bem em pessoas de países onde a obesidade não é um problema tão grande. Essas roupas não são aceitas ou então são vendidas para aqueles com as habilidades de modificar as peças de vestuário e colocá-las à venda.

Vestir uma camiseta irônica tornou-se algo associado à cultura *hipster*, especialmente de bandas "que você provavelmente nunca ouviu falar", ou slogans e desenhos de eventos de que as pessoas provavelmente nunca participaram. Mas o fotógrafo Paolo Woods, do Haiti, tirou uma série de fotografias mostrando camisetas de segunda mão descoladas sendo usadas por haitianos. Muitas dessas imagens causaram uma revolução, pois foram feitas em fábricas com condições precárias no Haiti, enviadas para a América e então compradas, doadas e depois devolvidas ao Haiti para serem vendidas nas ruas.

As fotografias incluíam um jovem rapaz com uma peça que diz: "Esta é a minha camiseta da sorte", que está manchada e cheia de buracos, e uma jovem com cabelos escuros numa camiseta com a frase: "Kiss me, I'm a blonde" ["Me beija. Eu sou loira"].

E também há pessoas, como o meu marido, que se apegam a cada camiseta que têm (até que "misteriosamente" desaparecem quando eu lavo a roupa dele).

VOCÊ SABIA?

A palavra *t-shirt* vem de seu formato em T, e foi adicionada ao Webster's Dictionary em 1920.

PARA PREGUIÇOSOS...

- Os trabalhadores no final do século XIX eram conhecidos por cortarem seus trajes quando estava fazendo muito calor e usavam apenas a parte de cima, o que é considerada a primeira camiseta conhecida.
- As camisetas tornaram-se parte dos uniformes padrão da Marinha e do Exército, e depois se tornaram populares entre crianças e jovens adultos quando os jogadores de futebol do colegial começaram a usá-las para evitar que os protetores do equipamento os machucassem.
- Produtos comemorativos são feitos para ambas as equipes no Super Bowl, mas os da equipe perdedora geralmente são doados para uma área pobre ou atingida por desastres.

PARTE TRÊS

NOS ALIMENTOS

CHICLETE

Para aqueles que já se distraíram no trabalho, considerem esta história uma pequena forma de validação. Walter Diemer começou a sua incursão no negócio dos chicletes quando trabalhava para a empresa Fleer, na Filadélfia. O fundador, Frank Fleer, buscava a goma de mascar perfeita para fazer bolas desde o início dos anos 1900, mas tinha dificuldade em vendê-la porque era muito pegajosa, se é que se pode imaginar um chiclete que fosse ainda mais pegajoso do que os de hoje.

Mas, quando Diemer estava trabalhando como contador para Fleer, ele começou a fazer experiências com novas receitas em seu tempo livre. Ele tinha apenas 23 anos quando encontrou uma receita que era significativamente menos pegajosa do que as versões anteriores. E que também se esticava muito mais facilmente, tornando-a perfeita para fazer as bolas.

Ele levou uma pequena amostra até uma mercearia local para teste, e acabou vendendo tudo no mesmo dia. Fleer começou a comercializar a criação de Diemer, que estava encarregado de ensinar os vendedores a fazer bolas para ajudar a aumentar as vendas. Se você já se perguntou por que o chiclete é rosa, é que esse era o único corante alimentar disponível na fábrica para Diemer usar, então o rosa se tornou a cor tradicional do chiclete.

Aquele chiclete, que o presidente Gilbert Mustin chamou de Dubble Bubble, foi o primeiro vendido comercialmente. Por anos, foi o único chiclete no mercado, até que outra empresa entrou no cenário. Essa empresa era a Topps Chewing Gum, e o chiclete que produzia era nada mais nada menos que o Bazooka.

O Bazooka surgiu quando quatro irmãos fundaram a Topps, em 1938, no Brooklyn. Eles começaram a produzir o Bazooka (o nome veio do instrumento, não da arma) e usaram uma história em quadrinhos como embalagem. O personagem da HQ, Bazooka Joe, costuma ser sempre lembrado quando se fala em personagens de marketing bem conhecidos. Ele era um garotinho com um tapa-olho, que dizia que o usava não por razões médicas, mas para ser "mais interessante". As histórias em quadrinhos apresentavam piadas, enigmas e trocadilhos, basicamente, o que hoje chamaríamos de "piadinhas de tiozão".

Alguns exemplos:

> "Papai Noel, você rói a unha? Ho, Ho, Ho!"
>
> "Por que a cobra quer ser escova? Porque ela cansou de ser pente".
>
> "Por que é que o seu nariz não mede trinta centímetros? Porque então seria um pé!"

Em 1952, a Topps começou a substituir os quadrinhos por outro presente para os clientes: cartões com as fotos e estatísticas dos jogadores da liga principal de beisebol. Quando a Topps viu a popularidade desses cartões e como as crianças os trocavam com os amigos, começou a concentrar-se exclusivamente nos cartões de beisebol e, ao longo dos anos, expandiu para outros esportes.

O chiclete Bazooka tornou-se a sua própria entidade, à parte dos cartões de beisebol. No entanto, na época, o chiclete vinha nos pacotes, geralmente sem embalagem própria, o que deixava marcas nos cartões. Aquelas gomas de mascar não estão mais incluídas nos pacotes de cartões de jogadores, mas é possível lembrar que o sabor e a textura deixavam muito a desejar.

Os chicletes voltaram a apresentar Bazooka Joe e seu grupo heterogêneo de amigos, renovando os seus estilos ao longo das décadas, mas 2012 viu o fim de Bazooka Joe quando o Bazooka mudou a sua marca. A framboesa azul foi incluída como um sabor adicional, a embalagem original vermelha, branca e azul foi trocada por tonalidades mais saturadas. Ela agora apresenta palavras-cruzadas, jogos e códigos para usar no website da empresa.

Bazooka Joe passou de um dos mais reconhecidos mascotes de produtos para ser apenas reconhecido por sete por cento das crianças nos anos 2000. Caso você tenha esperança de vê-lo novamente: quando o ex-CEO da Disney, Michael Eisner, comprou os direitos do personagem, em 2007, começaram a circular rumores em Hollywood de que um filme se seguiria em breve, mas ainda não o vimos.

Por causa do que alguns chamam de guerra ao açúcar, não é surpresa que as vendas de chicletes tenham diminuído nas últimas décadas, especialmente com estudos mostrando uma correlação entre a mastigação de chicletes e o aumento das cáries. Mas também está provado que os chicletes melhoram os resultados e atuam como um aquecimento mental antes de fazer uma prova.

Um estudo na Universidade St. Lawrence testou participantes que mascavam chicletes antes e durante uma prova e participantes que não o faziam, e descobriram que aqueles que mastigavam antes conseguiam lembrar informações mais rapidamente. Os pesquisadores acham que mastigar chiclete aquece o cérebro, por assim dizer, bombeando mais sangue para a cabeça.

Em outro estudo, foi dito que a mastigação de chicletes acelerava o tempo de reação e a precisão quando os participantes foram encarregados de detectar padrões de números dentro de um conjunto. O ato de mascar chiclete pode ser visto como uma forma de ajudar o cérebro a focar.

Mas, se você ama gomas de mascar, talvez precise encontrar um novo vício se estiver planejando ir para Cingapura. Os chicletes são proibidos lá há mais de vinte anos, a menos que você tenha uma receita médica.

Mais uma coisa: vamos acabar de vez por todas com a alegação de que, se engolido, o chiclete fica no seu estômago por sete anos. Provavelmente esse boato resultou de uma informação na embalagem sobre o chiclete ser impossível de digerir. Isso não significa que não passe pelo seu sistema digestivo, significa apenas que o seu corpo não pode quebrá-lo da forma como faz com outros alimentos; ele sai praticamente da mesma forma que entra.

VOCÊ SABIA?

O chiclete foi incluído nas rações dos soldados americanos na década de 1940.

PARA PREGUIÇOSOS...

- Um contador da empresa de chicletes Fleer usou o seu tempo livre para descobrir uma receita de chiclete que pudesse ser usada para fazer bolas.
- A marca Topps vendia chicletes antes de começar a vender cartões de beisebol.
- A goma de mascar pode ajudar o cérebro a focar para testes ou memorização.

COOKIES COM GOTAS DE CHOCOLATE

Se você já olhou para uma lista online de coisas que foram inventadas acidentalmente, sem dúvida encontrou nos primeiros lugares os biscoitos com gotas de chocolate.

A história que provavelmente ouviu foi que a dona do hotel Toll House Inn estava fazendo biscoitos e ficou sem nozes, que eram sua marca registrada. Ou que ela estava planejando fazer biscoitos de chocolate e ficou sem chocolate de confeiteiro, usando então pedaços de uma barra de chocolate Nestlé, que não se misturavam com a massa da mesma forma. Você pode até ter ouvido que pedaços de chocolate caíram acidentalmente num lote de massa de biscoito e o resto é história.

É um relato divertido, e todos adoram um acidente com final feliz. Não é de admirar que normalmente os encontremos em matérias clickbait (aquelas do tipo "Você não vai acreditar o que aconteceu"). Mas não foi assim.

Quanto mais se sabe sobre Ruth Wakefield, mais percebe-se que essa não era uma mulher propensa a substituições ou a deixar cair acidentalmente algo em sua cozinha, só encolher os ombros e dizer: "Bem, acho que vou assar assim de qualquer maneira".

Wakefield estudou economia doméstica na década de 1920 e começou a trabalhar como nutricionista e professora de alimentação. É fácil desmentir todas essas versões sobre a criação do cookie. Alguém tão versado em artes culinárias provavelmente já saberia que uma barra de chocolate não reagiria da mesma forma que um chocolate de confeiteiro, quando misturada à massa e colocada para assar.

Quando ela e seu marido, Kenneth, compraram a velha Toll House Inn em Whitman, Massachusetts, em 1930, eles mantiveram a tradição da pousada de servir pratos coloniais. A pousada tornou-se conhecida não apenas pela sua comida. Ruth Wakefield era famosa por treinar sua equipe para ser meticulosa na forma como os clientes eram servidos. Dizia-se que as novas garçonetes eram treinadas por três meses antes de serem designadas a duas mesas, no máximo, para atender no restaurante.

Tenho certeza de que quem já trabalhou no ramo alimentar está familiarizado com um código de conduta básico que, embora possa ser rigoroso, pode provavelmente ser resumido em uma única folha de papel. No entanto, os que participavam dos treinamentos para trabalhar no restaurante Toll House recebiam um manual de sete páginas, que incluía não apenas um código de vestimenta imaculado, mas também instruções específicas sobre como memorizar os pedidos e arrumar a mesa com talheres de prata postos exatamente a um polegar de distância da borda da mesa.

Wakefield claramente não era uma mulher que deixaria cair pedaços de chocolate na massa dos biscoitos, encolheria os ombros e diria: "Bem, que seja, eu vou assá-los de qualquer maneira". Ela provavelmente também não ficaria sem algo tão comum às suas receitas como nozes ou chocolate de confeiteiro.

Então, naquele fatídico dia dos anos 1930, quando ela estava preparando biscoitos, que eram na verdade acompanhamento para uma sobremesa com sorvete, estava consciente do que fazia, embora provavelmente não imaginasse a popularidade que o biscoito teria por décadas.

Nas poucas entrevistas que deu, Wakefield falou sobre como queria mudar seus habituais biscoitos de caramelo e nozes que servia com sorvete. E ficou claro que ela adicionou propositadamente as lascas de chocolate à sua receita.

Ele tornou-se um sucesso instantâneo. A criadora publicou sua receita em vários jornais, e o biscoito até foi lançado no programa de rádio Betty Crocker Cooking School. Após a publicação do livro *Toll House tried and true recipes*, de Wakefield, em 1936, esses biscoitos originais com pedaços de chocolate provaram ser um sucesso tão grande que Ruth não teve escolha a não ser repetir a receita. Ela chamou a sua nova invenção de Chocolate Crunch Cookie e a publicou em vários jornais de Boston e da Nova Inglaterra.

Wakefield até se aproximou da Nestlé para uma colaboração e lhes deu sua receita de graça para ser impressa em embalagens das barras de chocolate da empresa. Contam que ela recebeu em troca tanto chocolate Nestlé quanto quis – não é uma forma tão ruim de pagamento, na minha opinião.

Atualmente, em uma época em que parece haver sobremesas novas surgindo pelo menos uma vez por mês, com muitos de nós sentindo dor de dente só de ver os anúncios aparecerem nas nossas redes sociais, os biscoitos com gotas de chocolate são tão onipresentes que seria difícil imaginar algo tão simples fazendo sucesso como eles fazem.

Mesmo com o racionamento durante a Segunda Guerra Mundial, tornando ingredientes simples como manteiga, açúcar e chocolate difíceis de encontrar, as mulheres foram encorajadas por campanhas publicitárias a apoiar "seu soldado", enviando-lhes um lote para o exterior.

Como em muitos alimentos que eram populares entre os veteranos da Segunda Guerra Mundial quando voltaram para casa, os biscoitos com pedaços de chocolate tiveram seu lugar entre outros favoritos e se tornaram uma parte clássica da culinária americana.

Voltando rapidamente para o presente, a Toll House não existe mais. Depois de ter sido incendiada em 1984, não foi reconstruída e o único vestígio que resta é um marco histórico no que é agora um restaurante fast-food Wendy's.

VOCÊ SABIA?

Wally Amos foi o primeiro agente de talentos negro na William Morris, ele descobriu e assinou com Simon e Garfunkel. Depois de deixar a William

Morris, começou a fazer biscoitos, usando a receita de chocolate de sua tia Della, e vendendo-os, logo transformando os populares biscoitos em um negócio na Sunset Boulevard, em Los Angeles, em 1975, chamado "Famous Amos".

PARA PREGUIÇOSOS...

- Apesar de um mito popular, os biscoitos com pedaços de chocolate não foram inventados acidentalmente.
- A inventora, Ruth Wakefield, era incrivelmente meticulosa sobre a forma como a Toll House era gerida, incluindo ter garçonetes treinadas durante três meses antes de receber, no máximo, duas mesas para servir.
- A Toll House Inn, onde foram inventados os biscoitos Toll House, pegou fogo em 1984. Enquanto escrevo este livro, o lugar está agora ocupado por uma franquia Wendy's.

DR PEPPER

Este capítulo é baseado num episódio do podcast The Story Behind *que fez parte de uma série sobre referências à cultura pop no filme* Forrest Gump.

Charles Alderton era um jovem farmacêutico, em 1885, que trabalhava na Morrison's Old Corner Drug Store, em Waco, Texas. Quando ele não estava separando medicamentos, estava fazendo experiências com xaropes aromatizados para a máquina de refrigerantes. Ele mantinha um diário com as várias combinações, e quando finalmente encontrou uma que gostava, ofereceu-a ao proprietário, Wade Morrison, e depois aos clientes, que adoraram a bebida e começaram a pedi-la pelo seu apelido, Waco. Foi Morrison quem deu à bebida o nome Dr Pepper, supostamente em homenagem a um antigo colega, mas o Museu Dr Pepper coleciona mais de uma dúzia de histórias para o surgimento do nome e nenhuma pôde ser comprovada.

O refrigerante decolou, e Alderton e Morrison começaram a vender o xarope para outras farmácias da região. Logo a oferta não conseguia mais acompanhar a demanda. Quando Alderton disse que queria continuar como farmacêutico, sugeriu que Morrison e o químico de bebidas Robert S. Lazenby continuassem a desenvolvê-la.

Em 1904, a bebida fez a sua estreia na Feira Mundial. Se você pudesse viajar na história, esta provavelmente seria a Feira Mundial que escolheria ir. Foi a mesma Feira Mundial que apresentou pela primeira vez cachorros-quentes e hambúrgueres servidos em pães, bem como sorvete de casquinha.

Pesquisas feitas durante as décadas de 1920 e 1930 mostraram que o açúcar aumentava a energia e que esses níveis de energia estavam sujeitos a cair em certos momentos ao longo do dia. Usando essa informação, a Dr Pepper realizou um concurso para um slogan publicitário, com o vencedor sendo: "Beba uma dose às 10h, às 14h e às 16h".

Sua popularidade cresceu ainda mais quando foi apresentado no programa de TV Dick Clark's American Bandstand. Na década de 1950, a empresa decidiu abandonar o ponto depois de "Dr" no logotipo. Por causa da fonte utilizada, muitas vezes o nome era confundido com "Dr:" Pepper, em vez da abreviatura comum de Doutor.

Os slogans mudaram desde então; todos considerados bem-sucedidos. Mas, com todos os anúncios e campanhas que a empresa teve, nenhum se compara realmente ao homem que transformou a publicidade em mais uma forma de arte narrativa.

Como mencionei, poderemos nunca saber se havia um verdadeiro Dr Pepper. Uma teoria que vaga por aí é que o inventor ou dono da farmácia que vendia a bebida deu a ela o nome do pai de uma garota por quem ele estava interessado. Mas ninguém foi capaz de confirmar esse rumor.

No entanto, muito provavelmente essa história começou com John W. Davis na década de 1930, depois que ele deixou o negócio do petróleo no Texas e se mudou para Roanoke, Virgínia, para abrir uma fábrica de Dr Pepper. A sua tática de vender o refrigerante aos cidadãos de Roanoke envolvia cerca de cinco mil formas diferentes de promoções. Mas a de maior sucesso foi contar a seis pessoas, cada dia, esta versão da origem do Dr Pepper.

Em sua história, Morrison era originalmente de Christiansburg, Virgínia, e estava apaixonado pela filha do dr. Charles T. Pepper. Mas, infelizmente, mesmo depois de ele ter dado o nome do pai da menina ao refrigerante, ela partiu o coração de Morrison.

Apenas três funcionários seniores da Dr Pepper conhecem os 23 ingredientes que vão na bebida. No entanto, em 2009, um colecionador de manuscritos em Oklahoma pagou duzentos dólares por um caderno de uma loja de antiguidades do Texas. Na esperança de limpá-lo e vendê-lo no eBay, ele o abriu para revelar um registro de vendas. Mas também havia uma página com uma receita, intitulada "D Peppers Pepsin Bitter", que ele supôs como sendo a receita original.

Um porta-voz da Dr Pepper disse que a receita, que é apenas parcialmente legível, tem pouca semelhança com a receita real utilizada para o refrigerante. A lista encontrada no livro pode, na verdade, ser de um digestivo, que é usado para melhorar o sabor de medicamentos, e é feito de xaropes aromatizados e raiz de mandrágora.

O Dr Pepper se espalhou para mais mercados quando a agência federal do departamento de saúde, Food and Drug Administration (FDA) e um Tribunal Distrital dos EUA o declararam como sem o ingrediente cola nos anos 1960. Enquanto a maioria dos restaurantes só pode ser leal à Coca-Cola ou à Pepsi, o Dr Pepper pode ser vendido em qualquer um dos dois. Uma cola, a propósito, é definida pelas suas origens a partir da noz-de-cola, que o Dr Pepper não tem.

A Coca-Cola claramente não estava feliz com mais um concorrente e lançou o Mr. PiBB em 1972. Em uma tentativa de mostrar que não estava copiando o Dr Pepper, um porta-voz da Coca-Cola até disse que nunca tinha provado o refrigerante original, por isso ele nem sequer saberia se havia uma semelhança.

Mas a introdução do Mr. PiBB, na verdade, ajudou as vendas do Dr Pepper, uma vez que o gosto semelhante do Mr. PiBB fez apenas com que os consumidores ansiassem ainda mais por uma Dr Pepper.

A guerra da Coca-Cola e da Pepsi até os anos 1980 foi brutal para qualquer refrigerante não associado a nenhuma das marcas. Dr Pepper permaneceu um produtor independente de refrigerantes até que a Cadbury/Schweppes comprou a empresa, juntamente com a 7UP, em 1995, acrescentando-a à sua gama de bebidas, como a cerveja IBC Root Beer e os refrigerantes Welch's. Com o crescimento da Cadbury/Schweppes, adquirindo a Snapple e a RC Cola em 2000, ela mudou sua marca para refletir o número de bebidas disponíveis e agora é conhecida como Dr Pepper Snapple Group.

VOCÊ SABIA?

Roanoke, Virgínia, é conhecida como a capital mundial do Dr Pepper.

PARA PREGUIÇOSOS...

- A história frequentemente contada de que o inventor do Dr Pepper deu-lhe o nome do pai de uma menina que amava é muito provavelmente um mito, embora a verdadeira história da origem do nome continue a ser um mistério.
- Não há ponto no nome Dr Pepper, porque os fabricantes perceberam que a fonte utilizada no logotipo fazia parecer que se chamava Dr: Pepper.
- Dr Pepper é considerado sem cola porque não inclui a noz-de-cola nos seus ingredientes.

PIRULITO

Talvez você pense que colocar um doce num palito foi uma inovação recente. Mas essa ideia surgiu há milhares de anos, quando os antigos chineses, árabes e egípcios colocavam frutas e nozes no mel e as prendiam a um pedaço de madeira para facilitar a alimentação. O mel agia como um conservante, mas, com o passar do tempo, o mel, e mais tarde o açúcar, se tornou mais difícil de ser encontrado.

Foi apenas no século XVII, na Inglaterra, quando o açúcar se tornou mais acessível, que os vendedores ambulantes em Londres começaram a vender carnes e doces em um palito. Foi nessa altura que o termo "pirulito" começou a ganhar impulso.

Durante a era da Guerra Civil, os doces eram colocados nos topos dos lápis. Isso foi antes dos lápis serem feitos com uma borracha, como é comum hoje.

É aqui que a história começa a dar uma reviravolta, pois muitos fabricantes gostariam de ficar com os louros de um dos doces mais populares que existe.

Uma das histórias da origem vem de Connecticut. George Smith, coproprietário da Bradley Smith Candy Company, em New Haven, teve a ideia de colocar doces num palito. (Bem, ele não inventou isso, sentiu-se "inspirado" por uma empresa de doces, caramelos e chocolates próxima que colocava seus doces em palitos). Ele foi até seu parceiro, Andrew Bradley, com a ideia e deu-lhe o nome de seu cavalo de corrida favorito, chamado Lolly Pop.

Há outra história semelhante: a empresa McAviney Candy, novamente de New Haven, Connecticut, usava palitos para misturar seus doces enquanto cozinhavam e, no final do dia, o proprietário e funcionários levavam esses palitos para casa para seus filhos, com os doces endurecidos sobre eles, e, em 1908, estes passaram a ser comercializados como "palitos de doces usados".

Independentemente da história em que acreditar, George Smith patenteou os pirulitos em 1931, e até mesmo o nome Lolly Pop. Mas a patente era difícil de manter, uma vez que as empresas passaram a usar o termo com frequência, e a grafia variava entre o uso da letra Y e da letra I.

Outro empecilho para obter a patente foi que "lollipop" com I não era uma palavra original. O Oxford English Dictionary registra o primeiro uso impresso em janeiro de 1784, no jornal *London Chronicle*. Além disso, Charles Dickens, conhecido por usar gírias londrinas, usou o termo em seus romances do século XIX. No entanto, o significado não se referia a um doce num palito, mas a algo doce colocado na boca, associado ao ato de chupar com a língua.

A propósito, outra empresa de Racine, Wisconsin, criou o que era conhecido como a primeira máquina automática que podia colocar doces num palito, em 1908. Eles não chamavam o doce de pirulito, mas acreditavam que podiam produzir o suficiente para abastecer o país com "pirulitos" – ou o nome que decidissem usar – durante um ano inteiro.

Outra história vem de São Francisco, em 1912, quando um imigrante russo chamado Samuel Born inventou uma máquina que também podia colocar doces num palito, e foi apropriadamente chamada de "Born Sucker Machine".

Infelizmente, na época da Grande Depressão, pirulitos não eram muito procurados. Empresas de doces como a Bradley Smith foram forçadas a fechar, negando ainda mais a patente. Mas quando uma estrela infantil chamada Shirley Temple enfeitou as telas no filme *Olhos encantadores*, de 1934, e cantou "On the Good Ship Lollipop", as vendas começaram a aumentar novamente.

Os pirulitos continuaram a crescer em popularidade, entrando na cultura pop; como o Pelotão do Pirulito do filme *O Mágico de Oz*, de 1939, e, em

1958, o grupo de doo-wop The Chordettes fez sucesso com o cover da canção "Lollipop", que bateu a versão original de Ronald & Ruby nas paradas, chegando ao segundo lugar do ranking.

Quando o espanhol Enric Bernat teve a ideia de um bombom em um bastão, no final dos anos 1950, ele o chamou originalmente de Gol, como em uma bola de futebol que entrava na boca.

O produto foi renomeado de Chupa (atualmente Chupa Chups), mas ele tinha alguns problemas com a marca, os quais conversou em um café com seus amigos, entre os quais, o artista Salvador Dalí.

Foi Dalí quem desenhou o que viria a ser o logotipo do pirulito. O artista até sugeriu que a arte fosse colocada em cima para que todos vissem o nome. O logotipo foi ligeiramente alterado em anos mais recentes, mas ainda é bastante semelhante ao desenho original de Dalí, de 1969.

O pirulito também era um doce popular no programa Kojak. Após resolver um crime, o personagem titular desembrulhava um Tootsie Pop e o enfiava na boca.

Falando em Tootsie Pops, talvez você já pode ter ouvido a história de que ao encontrar uma embalagem de Tootsie Pop com um índio e estrelas cadentes desenhados e enviá-la para a empresa, ela lhe dará um prêmio de mais Tootsie Pops, mas terei que desapontá-lo, é falsa. Esse boato existe desde 1931, e a Tootsie Roll ainda recebe embalagens de pessoas que esperam o prêmio.

Mas, de acordo com o site deles, se você contar o número de lambidas necessárias para chegar ao centro de um Tootsie Pop (sem morder), você pode informá-los no Facebook da empresa e receber um prêmio Clean Stick (prêmio do "Palito Limpo", em tradução livre) do famoso Mr. Owl dos comerciais clássicos.

VOCÊ SABIA?

Samuel Born, que criou a primeira máquina que podia colar doces num palito, também tem o crédito da criação do chocolate granulado.

PARA PREGUIÇOSOS...

- Colocar algo grudento e doce num palito existe desde os tempos antigos, com frutas, nozes e mel sendo escolhas populares nas civilizações antigas.
- Embora uma patente tenha sido obtida para o pirulito em 1931, foi difícil de mantê-la devido à sua popularidade generalizada.
- O logotipo do Chupa Chups foi desenhado por Salvador Dalí.

MANTEIGA DE AMENDOIM

Apesar do que muitos pensam, os amendoins não são uma noz – são leguminosas. É por isso que você pode encontrar alguém que tenha alergia a amêndoas, nozes e castanhas, mas que pode comer amendoins.

A manteiga de amendoim remonta as suas raízes ao século XVIII ou talvez até antes. Diz-se que a primeira pode ter sido feita pelos astecas, há aproximadamente meio século atrás, que costumavam amassar amendoins para criar uma pasta.

Mas ela veio à tona em 1895, quando o Dr. John Harvey Kellogg – o criador dos Sucrilhos Kellogg's – patenteou o processo de fazer manteiga de amendoim e a comercializou como um substituto proteico para aqueles que tinham problemas de mastigação.

Ele deu aos seus pacientes no Battle Creek Sanitarium, localizado em Battle Creek, Michigan.

Muitos creditam o Dr. George Washington Carver como o inventor da manteiga de amendoim no sul dos EUA durante os anos 1910 e 1920. Mas, embora se diga que ele inventou mais de trezentas formas de uso para os amendoins, não foi o primeiro a produzir a pasta.

Durante a Segunda Guerra Mundial, a carne e a manteiga eram escassas, e o racionamento foi posto em prática para garantir que houvesse comida suficiente para todos. Foi quando a manteiga de amendoim se tornou realmente popular.

O produto tornou-se uma barata fonte substituta de proteína e facilmente acessível, e foi até mesmo fornecido aos militares americanos no exterior como parte das suas rações. Para tornar a manteiga de amendoim mais palatável, os soldados acrescentavam geleia e, quando as tropas voltaram para casa, o amor pelo sanduíche de geleia com manteiga de amendoim veio na bagagem.

Acrescente essa popularidade ao *baby boom* que se seguiu à Segunda Guerra Mundial, tornando-se um alimento básico em muitas refeições rápidas e fáceis para as crianças.

Antes da marca Jif chegar ao mercado, em 1958, o óleo de amendoim era usado para estabilizar a manteiga de amendoim, mas Jif mudou a fórmula padrão para usar mais óleos vegetais, como a soja ou a canola. Ele ultrapassou a marca Skippy como líder de mercado porque sua receita tinha mais sabor de melaço, supostamente porque também era adicionado mel.

Mas a Jif teve um problema quando a Consumer Reports relatou que meia xícara de gordura era misturada aos amendoins de Jif, dando-lhe a qualidade cremosa pela qual era conhecida. A FDA propôs que a manteiga de amendoim consistisse em 95 por cento de amendoins, e a Jif começou a mudar o seu rótulo para incluir a palavra "derivada" em vez de apenas manteiga de amendoim.

Em seguida, começou o que a FDA e os advogados chamam de "Twelve-Year Peanut Butter Case" (Caso dos Doze Anos da Manteiga de Amendoim), sobre a percentagem de amendoins necessários para que o produto seja verdadeiramente chamado de "manteiga de amendoim".

Esse caso envolveu vinte semanas de audiências para negociar a porcentagem, com fabricantes solicitando 87 por cento, enquanto a FDA defendia 90 por cento.

Uma mulher combativa, conhecida pelo seu ativismo consumista, chamada Ruth Desmond, formou a Federação das Donas de Casa, que se interessou particularmente pelo caso da Manteiga de Amendoim. Ela argumentou que a manteiga deveria ser mantida tão simples quanto possível, e certificou-se de que suas opiniões fossem ouvidas quando testemunhou no início das audiências em 1965.

Lee Avera, um funcionário da empresa Skippy, retaliou, argumentando que tentar anular os avanços feitos pelos fabricantes de alimentos seria prejudicial, já que os Estados Unidos tinham muito a ganhar.

Após as audiências, nas quais a proposta de 90% de amendoins da FDA ganhou, foi preciso mais cinco anos para que o Tribunal de Apelação dos EUA confirmasse essa norma; e doze anos após a proposta inicial, foi publicado em lei que qualquer produto rotulado como manteiga de amendoim deve ter pelo menos 90% de amendoins.

Se você fosse atravessar o oceano para o Reino Unido, descobriria que a manteiga de amendoim não é tão amada lá como nos Estados Unidos.

Um professor da Escola de Alimentos e Vinho de Leiths supõe que pode ser a textura o que faz com que os britânicos não gostem, pois eles acham repulsiva a sensação que ela deixa na boca.

No Reino Unido, misturar a sua geleia preferida com manteiga de amendoim também causa estranheza.

Mas os Estados Unidos discordam. O *Huffington Post* perguntou a seus leitores, em setembro de 2014, o que faz os melhores sanduíches de manteiga de amendoim, divulgando os resultados para o tipo favorito de geleia, com geleia de morango como a vencedora; o tipo favorito de pão, que acabou sendo o branco; e o tipo favorito de manteiga de amendoim, que acabou sendo suave, em vez de crocante. Uma combinação de sanduíche não tão amada é a favorita do meu sogro: manteiga de amendoim e maionese. (Eca!)

O ex-presidente Bill Clinton, assim como Elvis, supostamente gostava mais dos sanduíches de manteiga de amendoim e banana. E, falando em presidentes, não um, mas dois presidentes dos Estados Unidos foram agricultores de amendoim: Thomas Jefferson e Jimmy Carter.

VOCÊ SABIA?

Quando uma criança nos Estados Unidos fizer 18 anos, já terá consumido uma média de 1.500 sanduíches de manteiga de amendoim e geleia, embora esse número possa estar diminuindo por causa dos refeitórios escolares sem amendoim.

PARA PREGUIÇOSOS...

- Muitos atribuem falsamente a invenção da manteiga de amendoim ao Dr. George Washington Carver. No entanto, ela existe pelo menos desde que os astecas moíam amendoins para fazer uma pasta.
- A manteiga de amendoim foi usada como fonte de proteína para aqueles que não conseguiam mastigar muito bem, mas ganhou a maior parte da sua popularidade quando foi incluída nas rações militares e considerada um maravilhoso acompanhamento para sanduíches de geleia durante a Segunda Guerra Mundial.
- Houve uma batalha de doze anos entre os fabricantes de manteiga de amendoim e a FDA sobre a porcentagem de amendoins necessária para se enquadrar oficialmente na categoria de “manteiga de amendoim”, em vez de “derivado de amendoim”.

PRETZEL

Não há uma história concreta sobre a origem do pretzel, mas existem algumas histórias que se cruzam (trocadilho absolutamente intencional).

A história mais comum, porém, é de que um monge italiano queria prender a atenção de seus alunos de catecismo em 610 d.C. Ele enrolou a massa e cruzou as extremidades para ficarem iguais ao qual deveria ser a posição dos braços dos alunos durante a oração.

O monge nomeou sua criação de Pretiola, que é latim para "pequena recompensa", e mais tarde ela recebeu o nome Bracellae, que é latim para "braços pequenos". Você também pode reconhecer a raiz da palavra *brach* ou *brace* em outras palavras pertencentes a braços, tais como "bracelete" e "abraço". A propósito, a raiz grega similar, *brach* ou *brachio,* pode ser encontrada na palavra "Braquiossauro" que literalmente significa "lagarto com braços".

Após a invenção do pretzel, a sua popularidade espalhou-se por toda a Europa durante a Idade Média. Por causa dos ingredientes baratos, ele era normalmente dado aos pobres. Os pretzels eram especialmente populares durante a Quaresma, quando os cristãos eram proibidos de comer certos alimentos. Assim, com seus simples ingredientes de farinha e água, tornaram-se associados à Quaresma e à Páscoa. Os pretzels eram assados e então escondidos para as crianças encontrarem, juntamente com os ovos cozidos que nos são mais comuns agora.

Embora os pretzels tenham sido inventados por um italiano, são frequentemente associados à Alemanha como um alimento favorito e, de fato, há uma distinção entre um pretzel tradicional e um pretzel alemão. Novamente, há diferentes versões da história sobre como os pretzels alemães foram inventados, mas uma das mais comuns é que eles foram feitos acidentalmente.

Em 1839, um padeiro do Munich Royal Cafe se preparava para assar pretzels, mas, em vez de salpicá-los com água açucarada, ele acidentalmente colocou uma solução de hidróxido de sódio que era usada como produto de limpeza para o equipamento da padaria. Em vez de jogar fora o lote (porque talvez colocar produtos de limpeza na comida não seja a melhor ideia), ele os cozinhou de qualquer maneira. O que encontrou quando os tirou do forno foi uma crosta castanha crocante e um sabor salgado que ele e os clientes acharam delicioso.

Mais uma inovação do pretzel que veio de um acidente foi a invenção de pretzels duros, que surgiu em 1600, quando um aprendiz de padaria na Pensilvânia adormeceu e cozinhou demais o lote, o que, é claro, deixou seu chefe com raiva. Em seu momento de raiva, enquanto gritava com seu empregado, ele deu uma mordida furiosa em um dos pretzels crocantes. Mas, assim que os provou, descobriu que os amava. Que bom para o aprendiz!

Além da história de origem sobre o simbolismo religioso por trás da massa retorcida, os três buracos no pretzel também se tornaram um símbolo do cristianismo, representando a Santíssima Trindade do Pai, do Filho e do Espírito Santo. Mesmo em tradições não religiosas, o pretzel é usado para representar boa sorte, prosperidade e uma vida longa.

Na Alemanha, as crianças são conhecidas por usarem colares de pretzel no dia de Ano Novo. E na Suíça existe a tradição entre os recém-casados de quebrar um pretzel da sorte da mesma forma que se parte um "osso da sorte".

A Áustria é outro país em que se encontra a tradição do pretzel. No

Natal, os pretzels faziam parte das decorações das árvores no século XVI, mas, além disso, diz a lenda que os monges faziam pretzels no porão do seu mosteiro em 1510, quando ouviram os turcos otomanos escavarem túneis subterrâneos. Os monges foram capazes de alertar a cidade para que eles pudessem impedir o ataque e derrotar os turcos. O rei de Viena premiou os padeiros com o seu próprio brasão, e muitas padarias ainda exibem do lado de fora um leão segurando um escudo com a forma de pretzel.

Outra tradição é que eles vieram para a América no navio Mayflower e foram usados para o comércio com os nativos americanos. Ainda hoje, os pretzels são um dos petiscos mais populares no mercado. Eles até mesmo apareceram na série de televisão *The Office;* na temporada 3, episódio 5, "Iniciação", o rabugento do escritório, Stanley Hudson, finalmente mostra que pode ser feliz com algo: o Dia do Pretzel de Graça.

Preciso confessar aqui que nunca fui fã de *Seinfeld.* No entanto, até eu conheço a cena do episódio "O Lado Alternativo" em que Kramer deve dizer a fala: "Esses pretzels me dão sede" num filme do Woody Allen, e seus amigos oferecem conselhos sobre como interpretá-la.

Mas, humor à parte, quando George W. Bush exibiu uma bochecha com hematomas em 2002, foi revelado que ele tinha engasgado com um pretzel e desmaiado, acordando no chão com seus cães olhando para ele preocupados. Ele levou na esportiva e até brincou com isso num discurso proferido no dia seguinte.

VOCÊ SABIA?

Esta não é a primeira vez que se inventa comida para ajudar a ocupar os jovens. Uma história comum sobre a origem das balas em forma de bengalas é que elas foram feitas para se parecerem com os cajados dos pastores no nascimento de Cristo. Elas eram usadas para manter as crianças em silêncio durante os cultos da véspera de Natal.

PARA PREGUIÇOSOS...

- Os pretzels estão associados ao cristianismo, na sua origem, como forma de manter as crianças atentas durante o catecismo.
- Os pretzels associaram-se à Páscoa na Europa durante a Idade Média.
- Existe a tradição suíça de recém-casados quebrarem um pretzel da sorte.

BALA DE CARAMELO

Faça uma viagem a Atlantic City e deixe bastante espaço na mala, porque uma das lembrancinhas mais vendidas e que as pessoas esperam que você traga de volta é a bala de caramelo e sal.

Agora, se você é um amante de *Friends*, como eu, provavelmente descobriu com ajuda do Ross que o caramelo salgado não é realmente feito com água salgada, o sal é adicionado depois.

A história da origem da bala de caramelo varia, mas a mais popular é que, no século XIX, a barraca de doces de David Bradley, na costa de Atlantic City, foi inundada por ondas em uma tempestade. Enquanto ele limpava os escombros, uma menininha entrou e pediu para comprar alguns caramelos. Bradley respondeu, sarcasticamente, que ficaria feliz em vender-lhe alguns caramelos salgados.

Aqui é onde os detalhes da história ficam um pouco obscuros: ou a mãe da garota, ou a mãe de Bradley, ou a irmã de Bradley, ouviu a conversa por alto e achou que era um nome de marketing inteligente, e a partir daí, o caramelo vendido na Bradley's ficou conhecido como caramelo de água salgada.

Bradley nunca registrou o nome, e logo a popularidade aumentou. Isso não passou despercebido por Joseph F. Fralinger, que estava tentando encontrar o seu próximo empreendimento comercial. Fralinger fazia um pouco de tudo. Tinha sido cortador de vidros e pedreiro antes de entrar no negócio de doces.

Ele tentou vender várias coisas ao longo do calçadão com pouco sucesso, como peixe, limonada e charutos. Mas, quando lhe foi dada a oportunidade de gerir uma loja de caramelos em 1884, teve a ideia de aproveitar a popularidade local do caramelo salgado e vendê-lo aos turistas.

Ele usava caixas de ostras decoradas para embalar meio quilo de caramelo, do tamanho de um dedo, que os visitantes podiam levar para casa como lembranças. Os seus sabores originais eram melaço, chocolate e baunilha.

Fralinger até admitiu que não foi o primeiro a usar o termo "caramelo salgado" e creditou à barraca de doces de Bradley, embora o caramelo de Bradley também fosse referido como Caramelo da Onda Oceânica e Caramelo de Espuma do Mar.

Logo depois que Fralinger abriu mais lojas em Atlantic City para vender o doce popular, um trabalhador da indústria de doces chamado Enoch James foi com seus filhos até a costa de Jersey, e alegou que vinha fazendo caramelos salgados durante anos.

A receita de James era menos pegajosa e mais fácil de ser desembalada. Enquanto o caramelo de Fralinger era normalmente vendido em pedaços compridos, o de James era conhecido por ser redondo, o que tornava mais fácil caber um inteiro na boca.

James também revolucionou o processo de fabricação de caramelo cozinhando-o em chaleiras de cobre e puxando-o para cima e para baixo com um gancho, o que tornou o produto mais leve. Ele também inventou muitas máquinas de fazer caramelos e doces que ainda hoje estão em uso.

Na década de 1920, o "caramelo salgado" ainda não era uma marca registrada. Um homem chamado John R. Edmiston tentou colocar tanto James como Fralinger fora do negócio, solicitando os direitos sobre o termo, mas, quando James contestou, o Escritório de Patentes dos EUA derrubou a propriedade de Edmiston.

VOCÊ SABIA?

Embora tecnicamente não seja caramelo salgado, a marca Laffy Taffy tem esse nome por causa das piadas nas embalagens, que são enviadas por crianças.

PARA PREGUIÇOSOS...

- Caramelo de água salgada supostamente foi o nome dado ao caramelo por um dono de uma loja de doces depois de uma tempestade ter inundado seu estabelecimento.
- O caramelo salgado tornou-se uma lembrança comum para os turistas trazerem de Atlantic City depois que um vendedor de caramelo começou a vender caixas decorativas de meio quilo.
- O caramelo salgado não é feito com água salgada de verdade, embora os ingredientes incluam sal e água.

PÃO DE FORMA

Se você assistiu ao filme *Annie,* de 1982, estrelado por Aileen Quinn, Albert Finney e Carol Burnett, tantas vezes quanto eu assisti enquanto crescia, deve lembrar da cena em que Annie está contando a Daddy Warbucks como a secretária dele, Grace, pensa que ele é a melhor coisa do mundo desde a invenção do pão de forma. Agora, aqui vai um pouco de curiosidades sobre o filme: quando Daddy Warbucks escreve o cheque para os Mudges, ele o data em 1933, mas o filme que eles vão assistir, *Camille*, só foi lançado em 1936. Independentemente de quando o filme acontece, sabemos que a frase de Annie "a melhor coisa desde o pão de forma" não prova muito, já que o pão de forma foi inventado apenas alguns anos antes, em 1928.

Se vamos ser técnicos, o pão já existe desde os tempos antigos, quando o trigo crescia ao longo da região conhecida como Crescente Fértil e se descobriu que caso fosse misturado à água e deixado por conta própria, ele aumentaria de volume. E quando essa massa era assada, tornava-se pão, o que alguns estudiosos consideram um dos fatores que transformaram os nômades em colonos, já que havia água disponível e o pão era uma maneira fácil de alimentar várias pessoas sem usar muitos recursos.

Diz-se até que o pão foi dado como pagamento aos trabalhadores que construíram as pirâmides no Egito. Naquela época, pode-se supor que as pessoas cortavam seu pão sozinhas.

Mas vamos começar pelo homem que inventou o cortador de pão.

Otto Rohwedder cresceu em Iowa, mudou-se para o Missouri para se tornar um joalheiro de sucesso, depois teve a ideia de um pão pré-cortado. Ele foi tão motivado pela sua ideia que vendeu suas joalherias e voltou para Iowa para começar a trabalhar em seu protótipo.

Infelizmente, após a construção de alguns protótipos, a fábrica que ele estava usando pegou fogo, incluindo suas máquinas e os projetos. Mas ele não deixou que isso o impedisse. Continuou tentando, o que acabou funcionando a seu favor quando a torradeira fez sua estreia em 1926. Sim, a torradeira veio antes do pão de forma, acredite ou não.

E, sem surpresas, não era muito popular até Rohwedder aperfeiçoar a sua máquina e o pão pré-cortado estar finalmente disponível para o público.

Como você deve saber, deixar o pão de forma do lado de fora da geladeira, estraga a extremidade aberta muito rapidamente. Rohwedder precisava encontrar uma forma de remediar isso, então procurou maneiras de manter o pão unido. O pão inteiro era geralmente embrulhado em algodão e mantido numa caixa, mas o algodão não ajudava quando se tratava de manter as fatias frescas.

As primeiras tentativas de Rohwedder falharam, incluindo o uso de alfinetes de chapéu ou alfinetes em forma de U para manter as fatias juntas, fazendo com que o pão parecesse mais intacto.

Quando começou a usar papel encerado e celofane para embrulhar o pão de forma, mantendo as fatias intactas, ele finalmente se tornou viável, com o produto fatiado ultrapassando as vendas do pão inteiro em um curto período de tempo. Além disso, não havia mais alfinetes esquecidos em fatias de pão.

A nova máquina de cortar pão de Rohwedder incluía um mecanismo para embrulhá-los e, logo depois disso, foi difícil para ele acompanhar a demanda das padarias por sua nova máquina. Um dos seus primeiros modelos está em exposição no Instituto Smithsonian, em Washington, DC.

Durante a Segunda Guerra Mundial, os EUA estavam começando o racionamento, e o aço usado para cortar as fatias de pão se tornou escasso, fazendo com que o pão de forma fosse deixado de lado. Aparentemente, isso era tão irritante para os americanos quanto o racionamento de gás.

A revista *Time* comentou sobre esse episódio em um artigo que incluía a citação: "As donas de casa americanas procuraram em vão a faca serrilhada de pão da avó, tiraram os maridos sonolentos da cama e fizeram reuniões de madrugada sobre os panfletos de instrução da padaria que liam como se fosse uma aula de golfe: 'Mantenha a cabeça baixa. Fique de olho no pão. E não se dê por vencida'. Depois veio o sofrimento, xingamentos, as fatias tão tortas que até a torradeira recusava; muitas vezes uma delas corria louca até a padaria mais próxima para mais pão."

Felizmente, após dois meses, o racionamento sobre o pão de forma foi suspenso. Talvez tenha sido então que a frase "a melhor coisa desde o pão de forma" ganhou notoriedade, pois era um luxo que já não era mais garantido como certo.

A propósito, se você está se perguntando qual era a melhor coisa antes do pão de forma, saiba que enquanto o pão de forma só foi inventado em 1928, Betty White nasceu em 1922.

VOCÊ SABIA?

O Wonder Bread foi a primeira marca de pão de forma a ser vendida em todo os EUA.

PARA PREGUIÇOSOS...

- O pão existe desde que os nômades se estabeleceram ao longo da região conhecida como Crescente Fértil, e pode-se supor que as fatias eram feitas à mão.
- Otto Rohwedder inventou a máquina que corta pão e ganhou popularidade em todo o país.
- O pão de forma tornou-se escasso durante a Segunda Guerra Mundial, mas o clamor do público levou o governo a suspender o racionamento após apenas algumas semanas.

PARTE QUATRO

NOS JOGOS E DIVERSÃO

PALAVRAS CRUZADAS

Quando criança em Liverpool, durante a era vitoriana, Arthur Wynne gostava do jogo de palavras chamado Magic Square, no qual era dada uma lista de palavras e o jogador tinha que organizá-las dentro de um padrão de quadrados para serem lidas tanto vertical como horizontalmente.

O violinista e jornalista tinha ido para os Estados Unidos e estava trabalhando no *New York World*, em dezembro de 1913, quando seu editor perguntou se ele poderia criar um jogo de palavras para a seção de entretenimento daquele domingo. Lembrando-se do Magic Square, ele criou uma grade em forma de diamante, mas em vez de listar as palavras para serem usadas, ele acrescentou o desafio extra com pistas. Chamou ao seu jogo de "Word-Cross".

Logo ele começou a fazer as grades em diferentes formas e padrões, adicionando quadrados pretos para separar as palavras. Diz-se que um erro tipográfico estava por trás da mudança de Word-Cross para Cross-Word (ou Palavra Cruzada), depois, eventualmente o hífen foi removido. A moda pegou e, em uma década, mais e mais jornais passaram a publicar o jogo para os seus leitores. Os bibliotecários reclamavam que ávidos fãs de palavras cruzadas passaram a monopolizar os seus dicionários.

Uma compilação dos desafios publicados pelo jornal *New York World* foi elaborada e, em 1924, o primeiro livro de palavras cruzadas foi lançado, pela editora Simon & Schuster.

No entanto, nem todos eram fãs. O *New York Times* publicou uma contundente coluna, criticando a nova loucura, chamando-a de "um desperdício pecaminoso", mas, seis anos mais tarde, o jornal mudou de opinião e passou a publicar suas primeiras palavras cruzadas em 1930.

As palavras cruzadas tornaram-se um dos pilares de muitos jornais, especialmente durante a Segunda Guerra Mundial, quando os editores queriam inserir um pouco de diversão ao lado das notícias, geralmente trágicas. Mas o jogo também desempenhou outro papel nessa guerra.

Famosamente retratado no filme *O jogo da imitação*, com Benedict Cumberbatch, de 2014, uma competição para resolver as palavras cruzadas do *Daily Telegraph* em menos de doze minutos foi realizada em Londres, em 1914. Aqueles que conseguiram vencer o relógio foram convocados, solicitando que se apresentassem no Bletchley Park. A verdadeira razão para a competição era encontrar mentes competentes para resolver intrincados enigmas, o que segundo o pensamento militar poderia ser útil para decifrar os códigos nazistas. Aqueles que serviram nessa função disseram que as habilidades necessárias para se resolver palavras cruzadas não serviam tanto para entender a língua alemã.

Nos anos 1950, as palavras cruzadas passaram a fazer parte do cotidiano dos jornais. Entretanto, do outro lado do oceano, onde Wynne tinha originalmente jogado seus desafios de palavras quando criança, outra forma de palavras cruzadas tornou-se igualmente popular. Baseava-se mais no jogo de palavras e na ambiguidade das suas pistas. O compositor Stephen Sondheim publicou uma versão na revista *New York Magazine* em 1968.

O primeiro Torneio Americano de Palavras Cruzadas foi realizado em 1978, e continua até hoje, com pessoas de todos os lugares competindo para resolver os desafios mais rapidamente.

Muito possivelmente o nome mais notável nas palavras cruzadas é o de Will Shortz, que é o quarto editor de palavras cruzadas do *New York Times*. Embora o seu nome apareça nos *puzzles*, ele nem sempre foi o criador.

À medida que a tecnologia avança e os jornais diminuem de popularidade, as palavras cruzadas são trazidas para o mundo digital, em jogos e aplicativos para smartphones, embora nada se compare à sensação de ser capaz de resolver uma palavra cruzada no papel com uma caneta. (É difícil! Fui editora desses quebra-cabeças durante quatro anos e ainda não consigo resolvê-los).

VOCÊ SABIA?

Embora as palavras cruzadas fossem usadas na Inglaterra para encontrar decodificadores em um esforço de guerra, elas eram proibidas em Paris na mesma época, por medo de serem usadas como um meio de transmitir mensagens secretas ao inimigo.

PARA PREGUIÇOSOS...

- Arthur Wynne inventou as primeiras palavras cruzadas em 1913, com base num jogo que ele gostava quando criança, chamado Magic Square.
- O *New York Times* fez uma dura crítica sobre a moda das palavras cruzadas, mas seis anos depois começou a publicar o passatempo.
- Uma competição de palavras cruzadas foi realizada em Londres como uma forma de encontrar pessoas habilidosas o suficiente para decifrar os códigos nazistas.

BAMBOLÊ

Este capítulo é baseado em um episódio do podcast The Story Behind *que foi parte de uma série baseada na música "We Didn't Start the Fire", de Billy Joel.*

Enquanto as origens do bambolê são desconhecidas, as crianças egípcias brincavam com videiras secas em forma de círculo já no ano 3000 a.C. Elas as rolavam pelo chão com paus ou as giravam em volta da cintura. Gregos e romanos também eram conhecidos por utilizarem os arcos como auxiliares em exercícios para as cinturas, embora utilizassem arcos feitos de metal, bem como madeira e vinha. Grande parte da sua arte e cerâmica retrata tanto crianças como adultos brincando com arcos, incluindo um vaso que está agora em exposição no museu do Louvre, em Paris.

Os Inuit (esquimós) usaram arcos como alvos no treinamento de crianças e adolescentes para aperfeiçoar suas habilidades de caça.

Os círculos também têm desempenhado um papel nos ritos religiosos e cerimônias por séculos (por exemplo, a aliança de casamento), e isso inclui o bambolê. Os indígenas americanos usavam o aro como parte de suas danças cerimoniais, representando o círculo da vida. Usavam caniços para criar esses arcos, depois os quicavam e balançavam ao redor do corpo para contar histórias. Na década de 1930, houve um renascimento dessas danças por Tony White Cloud como forma de contar histórias, e um concurso anual de Dança Nativa Americana ainda é realizado em Phoenix, Arizona.

Os bambolês também foram populares em toda a Europa ao longo dos séculos. De fato, eram tão populares que os registros médicos mostram uma série de pacientes com as costas deslocadas e tensão cardíaca devido ao fenômeno do bambolê.

Mas só quando os marinheiros britânicos foram apresentados às dançarinas hula nas ilhas polinésias nos séculos XVIII e XIX é que surgiu o termo "hula hoop", designação em inglês para bambolê. Eles notaram que os movimentos de quadril oscilantes dos nativos havaianos se assemelhavam muito ao movimento necessário para manter o bambolê girando em torno da cintura.

O bambolê tornou-se o exercício preferido no final do século XIX e início do século XX, quando o compositor suíço Émile Jaques-Dalcroze criou um treinamento especial para músicos e bailarinos usando o bambolê, que se dizia expressar simetria e espírito. Chamava-se "Eurhythmics". Annie Lennox soube do exercício e deu o nome à sua dupla musical (com seu parceiro romântico na época, David A. Stewart), embora a grafia tenha sido mudada para Eurythmics, sem o primeiro "h".

Os arcos não eram apenas brinquedos para a cintura; um jogo popular para crianças na Europa e na América colonial era manter um arco rolando, batendo nele com um bastão enquanto corriam atrás.

Mas a grande loucura pelo bambolê ainda estava por vir. Nos anos 1950, Richard Knerr e Arthur Melin desenvolveram um estilingue e usaram para treinar falcões e gaviões, atirando carne para os seus bicos. Chamaram a empresa de Wham-O por causa do som que o estilingue faz.

Quando souberam que as crianças australianas usavam arcos oscilantes feitos de bambu em volta da cintura, tiveram a ideia de usar o plástico recentemente disponível para fazer um produto semelhante nos EUA. Eles registraram o nome Hula Hoop e, em 1958, estavam fabricando bambolês.

Venderam cerca de 25 milhões de bambolês nos dois primeiros meses, e, embora tenha sido uma tendência de vida muito curta, foi o suficiente para ser mencionado num verso da música de Billy Joel "We Didn't Start the Fire", que é sobre as tendências e notícias dos anos 1950.

O bambolê continuou a ser um brinquedo popular, embora as vendas nunca tenham sido tão grandes como nos anos 1950. A febre teve pequeno retorno como uma nova moda para exercícios nos anos 2000, com nomes notáveis como Michelle Obama, Catherine Zeta-Jones e Kelly Osbourne usando-o para o *fitness*. A própria Queen Bey, Beyoncé, trouxe a habilidade do bambolê ao palco, interpretando sua música "Work It Out". As aulas em academias e praias de todo o país começaram a surgir, com os participantes usando bambolês com pesos, o que não só acrescentava um pouco de resistência ao treino, mas também facilitava que aqueles menos habilidosos no esporte (bem, como eu) conseguissem acompanhar as aulas.

VOCÊ SABIA?

Os bambolês já foram proibidos no Japão porque girar os quadris era visto como indecência.

PARA PREGUIÇOSOS...

- Brincar com arcos tem sido um passatempo de crianças e adultos há pelo menos cinco mil anos.
- Marinheiros britânicos chamaram o ato de balançar um arco ao redor dos quadris de *hula hooping* depois de ver os polinésios dançando hula.
- A Wham-O foi a primeira a registrar o nome Hula Hoop e a comercializar arcos de plástico como brinquedos nos anos 1950, o que resultou numa febre de curta duração.

HIPNOSE

Quando o assunto é hipnose, você sem dúvida já ouviu a frase "o poder da sugestão". Esse poder da sugestão pode ser rastreado até as cerimônias religiosas na Índia, Grécia e Egito antigos. Naquela época, a religião, a ciência e a medicina eram a mesma coisa. Quando alguém ficava doente, era comum ser medicado por meio de um ritual de transe. Isso é considerado por alguns como sendo o predecessor do que é conhecido nos tempos modernos como hipnose para a gestão de dor.

O início da hipnose como a conhecemos hoje, porém, veio de um médico alemão dos anos 1700 chamado Franz Mesmer. Como você deve ter adivinhado, a palavra mesmerizar veio do sobrenome dele. Ele acreditava que um fluido invisível que corria através do corpo era controlado pelo magnetismo e, ao colocar seus pacientes em um estado de transe, usando o poder da sugestão, as enfermidades podiam ser curadas por meio de seu controle sobre o fluido.

Quando a sua ideia do fluido magnético se revelou falsa e ele caiu no ostracismo, notou-se que muitos dos que tinham participado dos seus truques viram uma melhoria na sua saúde depois de terem sido hipnotizados.

Em meados do século XIX, o cirurgião escocês James Braid descartou a ideia de Mesmer de fluido magnético, mas ele queria chegar ao fundo do estado de transe e seus efeitos físicos. Foi ele quem cunhou o termo "hipnose", de acordo com a divindade grega Hypnos, a personificação do sono. Mesmo quando percebeu que esse estado de espírito não era necessariamente "sono" e tentou mudá-lo, a "hipnose" já havia se tornado popular.

Ainda que a maioria associe esse estado de espírito com o relaxamento e a calma, foi num estado hipnótico que a clarividente Ella Salamon entrou em colapso e morreu quando lhe pediram conselhos médicos sobre o irmão da hipnotizadora. Foi dito que ela morreu porque o seu cérebro não conseguiu lidar com a excitação. Embora possamos nunca saber a verdadeira razão da sua morte, já que isso foi há mais de cem anos, o *Journal of the American Medical Association* a considera a primeira pessoa a morrer sob hipnose.

Alguma vez você dirigiu até em casa e ficou tão distraído pensando em outras coisas que deixou passar a rua em que deveria entrar? Ou quando chegou em casa percebeu que não se lembrava de nada da viagem? Esses são exemplos comuns de momentos em que supostamente hipnotizamos a nós mesmos.

O hipnotismo, tal como praticado tanto por terapeutas como por artistas, coloca o sujeito num estado em que pode eliminar estímulos externos e concentrar-se apenas no que lhe está sendo sugerido.

As técnicas de meditação e de atenção seguem esse mesmo padrão. Na verdade, muitos vídeos e gravações usados para hipnose soam parecidos com algumas meditações guiadas que eu já ouvi.

O objetivo de tudo isso é ser capaz de usar o poder da sugestão para aquela parte do cérebro que você não percebe que está usando; aquela que lhe dá memória muscular ao digitar em um teclado ou dirigir até em casa sem ter que prestar atenção às placas para chegar lá.

Se uma pessoa consegue colocar sugestões nessa área do cérebro, isso pode se tornar um hábito, no caso da hipnose clínica. Ou pode fazer você se sentir mais confortável e inconsciente do ridículo se for chamado ao palco durante a apresentação de um hipnotizador, e incentivado a dançar nos corredores, na frente de duzentos alunos, quando você estiver na faculdade.

Sim. Isso aconteceu comigo há cerca de quinze anos. E, como estou dizendo agora, ainda não estou envergonhada por ter fingido saber fazer saltos de balé. Talvez, porque uma das sugestões feitas enquanto eu estava sob hipnose foi que não me envergonharia depois por nada do que eu fizesse em transe.

Enquanto a hipnose é reconhecida em algumas partes da comunidade médica como uma forma válida de terapia, outros dizem que é um efeito placebo, e nós só estamos ouvindo o poder da sugestão por causa da nossa necessidade de agradar aos outros e seguir as sugestões daqueles que temos em alta consideração.

Quanto ao seu uso no tratamento da dor, os neurocientistas estudaram o cérebro daqueles com dores crônicas sob estado de hipnose e encontraram uma diminuição da atividade no córtex pré-frontal – a parte que registra a dor – quando foi sugerido que a dor é de fato menor. As aulas de *hypnobirthing* tornaram-se populares para ajudar as mulheres em trabalho de parto a também lidar com a dor.

Então, hipnotistas de rua podem substituir uma peridural numa sala de partos? Provavelmente não. Aqueles que procuram a hipnose como tratamento para a dor, mesmo fobias ou transtorno de estresse pós-traumático, têm que trabalhar com um terapeuta durante semanas ou meses de sessões para hipnoterapia.

Mas se você for a um show de hipnotismo, todos os membros do público serão solicitados a experimentar um exercício para que o artista determine quem é facilmente hipnotizável. Cerca de uma em cada seis pessoas são os chamados sonâmbulos e podem ser facilmente hipnotizados na primeira tentativa. (A propósito, a palavra "sonâmbulo" vem do equivalente romano ao deus grego Hypnos, chamado Somnos.)

Eis uma história: Já fui a dois shows de hipnotistas na minha vida. E, em ambas as vezes, fui levada ao palco e fiz coisas como esquecer o número que vem depois do cinco e sentir que estava muito quente ou muito frio em segundos e, sim, a cereja do bolo, dancei balé.

No entanto, como aqueles que também estiveram no palco lhe dirão, você não perde o controle de si mesmo. Você se lembra e está ciente de tudo o que está fazendo.

Ah, e mais uma coisa: o truque do relógio de bolso que você normalmente vê no hipnotismo da cultura pop não é uma prática comum, mas, às vezes, um objeto como um relógio de bolso pode ser usado para ajudar a focar a atenção de um indivíduo o suficiente para facilitar a hipnose.

VOCÊ SABIA?

Não existem regulamentações reconhecidas nos Estados Unidos para hipnose, embora muitos terapeutas possam ser hipnoterapeutas credenciados.

PARA PREGUIÇOSOS...

- O poder da sugestão tem sido usado desde os tempos antigos para o controle da dor.
- Franz Mesmer acreditava em uma substância que ele chamava de fluido magnético que corria pelo corpo, e ela poderia ser útil para aliviar a dor, colocando as pessoas em transe.
- Aqueles que são facilmente hipnotizáveis são conhecidos como sonâmbulos. Essa capacidade não está necessariamente correlacionada com o nível de inteligência dessa pessoa.

PINGUE-PONGUE

Este capítulo é baseado num episódio do podcast The Story Behind *que fez parte de uma série baseada em referências à cultura pop no filme* Forrest Gump.

No final do século XIX, o tênis de quadra era um jogo popular entre a elite da Inglaterra, Índia e África do Sul vitoriana. Quando as pessoas queriam trazer o jogo para dentro de casa durante o inverno ou devido ao mau tempo, improvisavam o equipamento utilizando mesas de jantar, pilhas de livros como redes, bolas de borracha ou tampas de champanhe redondas como bolas, e livros ou tampas de caixas de charutos como raquetes.

O que agora conhecemos como pingue-pongue tinha vários nomes, incluindo Whiff-Whaff, Gossima, Flim Flam e Pim Pam. Se você está procurando o pingue-pongue como um esporte olímpico, não vai encontrá-lo na lista – terá que procurar por tênis de mesa, porque o nome pingue-pongue é, na verdade, marca registrada da Parker Brothers, mas acabou por se tornar tão genérico que você pode não se dar conta. Até mesmo a Associação de Pingue-Pongue teve de mudar o seu nome para Associação de Tênis de Mesa em 1922.

Quando a borracha, conhecida como *sandwich rubber*, foi inventada em 1950, tudo mudou. A *sandwich rubber* é aquela que você vê em uma raquete de tênis de mesa, composta por uma esponja com uma camada de borracha sobre ela. Quando os japoneses a introduziram no jogo, os jogadores passaram a conseguir girar a bola e acertar de uma forma que antes não conseguiam. A Federação Internacional de Tênis de Mesa rapidamente acrescentou novos regulamentos relativos ao uso das novas raquetes em jogos.

As regras e os regulamentos precisaram ser alterados novamente depois do ano 2000, quando mais jogos passaram a ser televisionados. A fim de atrair uma audiência maior e manter sua atenção, o sistema de pontuação de 21 pontos foi reduzido para onze, e o tamanho da bola foi aumentado para melhor visibilidade televisiva. O tamanho maior da bola também aumentou seu peso, o que deixou o jogo mais lento, também para fins de visibilidade. A propósito, isso foi antes de todos nós termos televisores de tela plana e de alta definição.

Acredite ou não, há uma estimativa de quarenta milhões de jogadores de tênis de mesa competitivo no mundo, e outros milhões que o jogam de forma recreativa – não sei se esse número inclui o beer pong, o jogo com copos de cerveja, mas é interessante notar que o beer pong foi inventado em 1950 em uma fraternidade da universidade Dartmouth, que originalmente envolvia raquetes e mais tarde evoluiu para o *drinking game* que a maioria dos estudantes universitários e adultos conhece hoje em dia. O pingue-pongue, no entanto, é provavelmente mais popular na China, e você deve se lembrar dele ter sido citado no livro e no filme *Forrest Gump*.

Quando ouvimos falar da Guerra Fria, muitos provavelmente pensam no conflito entre a América e a Rússia soviética, mas, além do que chamamos de Cortina de Ferro, separando o bloco soviético do mundo ocidental, havia outra cortina, conhecida como Cortina de Bambu, que separava a China comunista dos Estados Unidos, após a revolução de Mao Tsé Tung em 1949.

Mais de vinte anos depois, os laços da China com a URSS estavam começando a se desgastar, e o presidente Mao começou a procurar maneiras de abrir novamente a comunicação com os Estados Unidos. Isso ocorreu na época em que o presidente Richard Nixon havia feito das relações com a China uma de suas prioridades.

Quando Glenn Cowan, um americano jogador profissional de pingue--pongue de dezenove anos, embarcou em um ônibus durante o Campeonato Mundial de Tênis de Mesa de 1971, Zhuang Zedong, um jogador da seleção chinesa que também estava no ônibus, aproximou-se dele e apertou sua mão, falando com ele por meio de um intérprete, e presenteou Cowan com uma imagem serigráfica das montanhas Huangshan da China. No dia seguinte, Cowan presenteou Zedong com uma camiseta com um símbolo de paz e a letra de "Let It Be", dos Beatles, nela.

Originalmente, foi dito aos jogadores chineses para não falarem com os americanos, mas depois que a história e as fotografias da troca circularam nos jornais da China e dos EUA, o presidente Mao convidou a equipe americana a fazer uma viagem com todas as despesas pagas para jogar pingue-pongue na China. O acontecimento foi mencionado em *Forrest Gump* e ficou conhecido como "diplomacia do pingue-pongue".

A China era muito diferente de tudo o que a equipe americana já tinha visto antes, e o estigma relacionado com os americanos ainda não estava totalmente desgastado quando chegaram. Até as bandeiras de boas-vindas à equipe estavam penduradas sobre grafites que diziam: "Abaixo os Opressores Yankees e os seus Cães de Corrida".

Mas os líderes políticos garantiram que os americanos fossem tratados como convidados bem-vindos. Em um banquete, em abril de 1971, o primeiro-ministro Zhou En-lai disse à equipe e à imprensa: "Vocês abriram um novo capítulo nas relações dos povos americano e chinês. Estou confiante de que este recomeço da nossa amizade irá certamente encontrar o apoio da maioria dos nossos dois povos."

No dia seguinte, o embargo comercial de vinte anos com a China foi suspenso pelos Estados Unidos.

No filme, Forrest Gump foi retratado como sendo tão bom em pingue--pongue que aqueles que estavam no hospital com ele ficaram fascinados com o jogo – tanto que eles são mostrados em volta de uma mesa de pingue-pongue, em vez de assistirem à televisão mostrando a nave espacial Apollo 11 pousando na lua em 1969.

Quando Forrest é ensinado a jogar pingue-pongue, dizem a ele para nunca tirar os olhos da bola. Se olhar para Tom Hanks nessas cenas, vai notar que ele nem pisca. Isso pode ser mais fácil para um jogador experiente, mas é um reflexo natural piscar os olhos se um objeto estiver vindo em direção ao seu rosto.

Tom Hanks era assim tão bom? Bem, sim, porque ele é Tom Hanks, mas também porque muitas das suas cenas de pingue-pongue foram filmadas sem uma bola, incluindo a partida intensa que ele joga na China – a bola de pingue-pongue foi adicionada mais tarde com a ajuda de imagens geradas por computador. Hanks e seu oponente chinês, listado nos créditos como Valentine, escutavam um metrônomo e cronometraram seus golpes aos cliques.

O filme ficou conhecido pelo seu uso inovador de computação gráfica, como, por exemplo, inserir Tom Hanks em filmagens históricas e remover as pernas de Gary Sinise para o seu personagem, o tenente Dan. Até a pluma flutuante vista no início e no final do filme foi gerada por computador. Não é de admirar que o filme tenha levado o Oscar de Melhores Efeitos Visuais em 1995 como um dos seus seis prêmios naquela edição.

VOCÊ SABIA?

O cantor pop Justin Bieber adora tanto tênis de mesa que leva uma mesa e equipamento em turnê com ele para que possa montar o jogo onde quer que esteja.

PARA PREGUIÇOSOS...

- Ping-Pong é marca registrada da Parker Brothers.
- O tênis de mesa era originalmente uma versão do tênis de quadra, trazida para dentro de casa durante os tempos vitorianos com o uso de mesas de jantar, livros e rolhas de champanhe como equipamento.
- O jogo de pingue-pongue ajudou a acabar com o embargo comercial entre os Estados Unidos e a China.

PATINS

Se você estiver preocupado que eu comece a rasgar seda sobre Olivia Newton-John e Gene Kelly em *Xanadu* neste capítulo, não se preocupe. Vou guardar isso para o final, já que o filme estreou mais de dois séculos depois que os patins foram lançados pela primeira vez ao público.

A maioria dos historiadores e o Museu Nacional da Patinação em Lincoln, Nebraska, aponta John Joseph Merlin como o inventor original dos patins. Ele era conhecido por seu comportamento estranho e incomum, incluindo entrar em um baile de máscaras em Londres durante a década de 1760 usando seus patins e tocando violino.

Infelizmente, os seus patins não incluíam um mecanismo de freio e ele não era muito bom na direção. Quando entrou na festa, bateu num espelho gigante no salão de baile, acabando não só com a comemoração, mas também com o seu fascínio pelos patins. Ele continuou a andar com eles, mas, sem nenhuma maneira de frear, os patins de Merlin não viraram moda, e John nunca patenteou a ideia.

As primeiras versões dos patins eram mais como os patins de rodas enfileiradas que estamos habituados a ver hoje. Os patins de Merlin consistiam em duas rodas em cada pé, enquanto o que foi patenteado em seguida por Monsieur Petitbled, da França, em 1819, consistia de duas a quatro rodas feitas de metal, marfim ou madeira, configuradas em linha reta sobre uma placa de metal que podia ser fixada a uma bota. No ano anterior, os patins foram utilizados na ópera alemã "Der Maler oder die Wintervergn Ugungen", para imitar a patinação no gelo.

Vários inventores tentaram diferentes configurações de rodas para facilitar as curvas do patinador, mas foi o nova-iorquino Leonard Plimpton quem teve a ideia dos patins de quatro rodas em 1863, usando duas rodas à frente e duas atrás. As rodas eram feitas de borracha e colocadas em pivôs para permitir que os patinadores girassem mais facilmente do que antes, e os patins podiam ser fixados aos sapatos normais do usuário com tiras de couro.

Ele usou o chão de sua loja de móveis em Nova York como um rinque improvisado e alugou seus patins para que outros pudessem desfrutar. Plimpton fundou a New York Roller Skating Association, que abriu a primeira pista de patinação pública nos Estados Unidos em uma sala de jantar reformada de um hotel em Rhode Island, em 1866.

O design de Plimpton tornou-se popular imediatamente. Com o surgimento de novas leis trabalhistas, encurtando a jornada de trabalho e dando às pessoas mais tempo livre, os rinques de patinação começaram a abrir tanto para crianças como para adultos para desfrutar do novo passatempo.

Em um de seus muitos momentos de diminuição em popularidade, a Primeira Guerra Mundial e a Depressão tornaram a patinação menos acessível. Mas a tendência logo retomou quando as ruas foram pavimentadas e as calçadas foram assentadas. A tendência continuou durante anos com sucesso moderado, mas o pico provavelmente mais conhecido na popularidade da patinação surgiu na década de 1970.

Diz-se que o advento da era disco foi a causa de um novo amor pela patinação. Ela foi promovida a um bom exercício, e muitas celebridades foram vistas patinando. A cultura pop também impulsionou a tendência, com canções, especiais de televisão e filmes sobre patinação, incluindo *Roller Disco* e até a estreia de Patrick Swayze em *A febre dos patins*. E, possivelmente, um dos melhores musicais de cinema de todos os tempos, *Xanadu*!

A patinação decaiu novamente quando os anos 1980 trouxeram um ódio pela discoteca e, como na queda de prestígio anterior, a crise econômica resultou em muitas pistas de patinação fechando suas portas. No entanto, mesmo antes da virada da década, dois irmãos, Scott e Brennan Olson, encontraram um par de patins antigos com as velhas rodas em linha. Procurando uma maneira de praticar suas habilidades de hóquei fora do gelo, prenderam rodas de poliuretano às botas de hóquei no gelo. Eles registraram o nome Rollerblade e, em 1983, formaram a empresa.

Nos anos 1990, as pistas de patinação que tinham conseguido evitar fechar na década anterior e as recentemente construídas começaram a ver um aumento no número de patinadores adolescentes.

Atualmente, qualquer coisa que induza nostalgia pode ser considerada tendência, incluindo algumas pistas de patinação que inauguraram, apesar do custo crescente dos imóveis necessários para erguer edifícios suficientemente altos. Uma coisa que eu deveria mencionar é que as corridas de patins existem desde que os patins surgiram, assim como, e conjuntamente, o roller derby. A propósito, se você é tão fã de trocadilhos e jogos de palavras quanto eu, deve dar uma olhada nos nomes usados pelas equipes de roller derby e seus participantes, como Stop Drop e Rollers.

VOCÊ SABIA?

O serviço de restaurantes que servem aos automóveis, com as garçonetes entregando comida nos carros em patins, era comum nos anos 1950 e 1960. A tendência ainda é abraçada pelo Sonic, que também apresenta uma competição anual entre todos os 3500 restaurantes.

PARA PREGUIÇOSOS...

- John Joseph Merlin é conhecido como o primeiro a exibir publicamente os patins de roda, embora tenha quebrado um espelho muito grande e caro no processo.
- Leonard Plimpton desenhou os patins com quatro rodas de borracha, tornando o giro muito mais fácil do que com designs anteriores.
- *Xanadu* é um filme muito subestimado e estreou no auge da febre dos patins.

MOLA MALUCA

Você lembra de ter aprendido que Isaac Newton descobriu a teoria da gravidade quando uma maçã caiu de uma árvore? Bem, um momento inspirador como esse também aconteceu com Richard James em 1943.

Newton estava bebendo em seu pomar, durante uma pausa acadêmica devido à peste, quando maçãs caíram. Ele, então, começou a se perguntar por que elas caíam direto para baixo, em vez de para o lado. Isso tornou-se o início da sua teoria.

No entanto, James não estava em uma pausa do trabalho quando inventou seu conceito de um brinquedo de mola. Na época, James estava trabalhando em um estaleiro e estava desenvolvendo uma mola que pudesse ajudar a manter os objetos seguros em embarcações no mar. A história conta que ele acidentalmente derrubou uma mola no chão, que, em vez de cair de lado, caiu de ponta e se dobrou num movimento "de caminhada".

Provavelmente estamos todos familiarizados com a Síndrome do Objeto Brilhante, certo? Bem, para James foi mais como a Síndrome do Objeto Brilhante e Enrolado, pois ele passou os próximos dois anos desenvolvendo o brinquedo. Ele começou a experimentar com diferentes materiais e comprimentos, e desenvolveu uma máquina que enrolou 24 metros de arame criando o brinquedo de mola perfeito.

Sua esposa, Betty, estava totalmente de acordo com a invenção de seu marido, e até criou o nome oficial em inglês, *Slinky*, que ela escolheu do dicionário quando leu que a definição era "gracioso e sinuoso em movimento".

Com a ajuda de um empréstimo de quinhentos dólares, James pôde fabricar os brinquedos e vendê-los nas lojas em 1945, mas as vendas foram lentas no início. Ninguém sabia bem o que fazer com uma mola de brinquedo. Foi só quando Richard e Betty fizeram uma demonstração instantânea da Mola Maluca na loja de departamentos Gimbel's, na Filadélfia, que as vendas aumentaram. Na verdade, as quatrocentas unidades que o casal trouxe com eles esgotaram em noventa minutos, quando eles mostraram o que podiam fazer.

Betty não só desempenhou um papel fundamental na nomeação do novo brinquedo e no marketing precoce, como também está por trás do sucesso posterior da empresa. Enquanto Richard crescia para desfrutar dos holofotes e do sucesso da Mola Maluca, ele começou a doar grandes somas de dinheiro para organizações religiosas e eventualmente desistiu da sua empresa, James Industries, mudando-se para a Bolívia para se juntar ao que alguns dizem ser um culto.

Mas Betty ficou para trás com os seis filhos do casal e assumiu a empresa. Contudo, as vendas começaram a estagnar nos anos 1950 – outra razão pela qual se dizia que Richard tinha partido depois de deixar a empresa à beira da falência, e acumular contas devido às suas doações de fundos para os seus grupos religiosos.

Betty driblou a crise financeira quando mudou a empresa para a sua cidade natal, Hollidaysburg, na Pensilvânia, e começou a promover a Mola Maluca por meio de anúncios na TV, com slogans ainda hoje conhecidos, como "O que desce as escadas, sozinha ou de dois em dois, e faz um som maluco?".

A mola também deve um pouco da sua sorte ao cachorro Slinky, inventado por Helen H. Malstead, depois que a Mola Maluca original foi dada ao seu filho no Natal, e ele se perguntou o que aconteceria se ela fosse colocada sobre rodas. Malstead teve a ideia de fazer da mola um brinquedo puxa-puxa e enviou esboços para Richard. Antes que ele partisse para a Bolívia, eles trabalharam juntos para criar o cachorro Slinky, e seu sucesso (junto com o marketing de Betty) ajudou a dar uma reviravolta no negócio depois que a popularidade do cãozinho foi renovada com a inclusão do personagem no filme *Toy Story* de 1995, dublado por Jim Varney, conhecido por interpretar Ernest em um programa de televisão infantil e no cinema.

A Mola Maluca foi nomeada como o brinquedo oficial da Pensilvânia em 2001. Quando Betty faleceu, em 2008, o *New York Times* relatou que mais de 300 milhões de unidades haviam sido vendidas e que, se unidas e esticadas, dariam 150 voltas no planeta Terra.

VOCÊ SABIA?

Não tanto relacionado à Mola Maluca, mas sobre a anedota da maçã de Newton que todos ouvimos ao crescer: não há evidências que sugiram que a maçã tenha caído em sua cabeça, como costuma ser retratado em animações e livros infantis. A propósito, a macieira original que inspirou a ideia de Newton ainda está crescendo e é uma atração turística no Reino Unido.

PARA PREGUIÇOSOS...

- Richard James teve a ideia do Slinky quando uma mola de tensão em que estava trabalhando caiu da sua mesa de trabalho e rolou sobre si mesma.
- Sua esposa, Betty, inventou o nome e também assumiu a empresa e a tirou de problemas financeiros quando Richard partiu para a Bolívia do nada.
- A Mola Maluca é o brinquedo oficial do estado da Pensilvânia.

ESTEIRA ERGOMÉTRICA

Quando se pensa no verdadeiro propósito de uma esteira ergométrica, é fácil perceber por que alguns países europeus zombaram da ideia de uma caminhada/corrida sem sair do lugar. Mas a ideia da esteira ergométrica começou no final do século I, em Roma, quando ela foi apresentada como uma espécie de guindaste movido pelo homem para levantar objetos pesados. Os romanos andavam dentro do diâmetro de uma grande roda, como uma espécie de roda humana de hamster. Por mais engraçado que isso soe, com esse sistema, eles eram capazes de levantar mais peso com menos pessoas.

A utilização de uma esteira continuou a ser uma ocorrência comum ao longo dos séculos. Na verdade, o termo "potência em cavalos" vem da medição da força de um cavalo necessária para operar uma esteira ou máquina similar como fonte de energia para as fazendas nos anos 1800.

Em 1818, um engenheiro britânico chamado sir William Cubitt inventou uma esteira para prisões. Os condenados pisavam em raios de uma grande roda de pás e geravam energia para tarefas como moer milho e bombear água; no entanto, há relatos de prisões usando esteiras como forma de punição, em vez de produzir qualquer tipo de energia. O uso da esteira para prisioneiros foi finalmente considerado demasiado cruel na Inglaterra quando a Lei das Prisões de 1889 aboliu o trabalho pesado para os condenados.

Você poderia pensar que isso teria sido o fim da esteira, mas era apenas uma questão de tempo até que ela reaparecesse sob a forma de equipamento de exercício. Um prisioneiro daquela época provavelmente ficaria chocado ao ver pessoas pagando uma mensalidade para fazer uma coisa dessas hoje em dia.

Apenas em 1952, a esteira estava pronta para dar o salto para um equipamento de exercício recreativo, tornando-se parte da comunidade médica quando o dr. Robert Bruce e seu colega, Wayne Quinton, usaram uma como forma de monitorar as condições e doenças cardíacas. Ele desenvolveu o teste diagnóstico do Protocolo de Bruce, que ainda hoje é usado para avaliar a função cardíaca, e é conhecido como o pai da cardiologia esportiva.

Quando você ouve a palavra "aeróbica", pode ser que lhe venha à mente uma imagem de Olivia Newton-John ou Jane Fonda vestindo lycra e polainas nos anos 1980. Mas esse não foi o início da febre da aeróbica.

O dr. Kenneth H. Cooper desenvolveu a aeróbica no Hospital da Força Aérea, nos anos 1960, com a intenção de prevenir a doença arterial coronária nos membros das Forças Armadas, e isso se tornou uma maneira divertida de se manter em forma.

Com a aeróbica, Cooper começou a popularizar a esteira, além de usá-la como parte de um teste de aptidão cardiovascular, também conhecido como teste ergométrico. Você já deve ter visto em um programa de televisão alguém tendo sua condição física testada com monitores acoplados enquanto é solicitado que corra na esteira; esse é o método de Cooper.

A propósito, Cooper também está por trás da ideia de correr por diversão (o que quer que isso signifique).

Parece que, todos os anos, novos equipamentos de exercício são introduzidos no cenário fitness, mas as esteiras continuam a ser a máquina de exercícios cardiovasculares número 1 em vendas. Vá a qualquer academia, especialmente no início do ano, para ver como essas máquinas são populares.

Independentemente dos anúncios publicitários que nos prometem um modo melhor e mais eficiente de ficar em forma, caminhar continua sendo uma das maneiras mais fáceis de incorporar o movimento em nossas rotinas. Muitas pessoas podem até mesmo fazer outras coisas enquanto andam na esteira.

Outra razão pela qual as esteiras são populares, em vez de sair na rua e dar uma volta, é devido à maravilhosa tecnologia conhecida como termostato. Em vez de andar no frio ou derreter no calor do verão, você pode caminhar o tempo que quiser dentro de casa em uma esteira, sem se preocupar em pegar um resfriado ou ter uma queimadura solar.

Além disso, você nunca está muito longe de onde começou quando dá um passeio numa esteira.

VOCÊ SABIA?

Se você tem uma esteira que basicamente serve como um cesto para roupas sujas caro, você não está sozinho. Quarenta por cento das pessoas que compram equipamento de exercício em casa dizem que acabaram usando-o menos do que inicialmente esperavam.

PARA PREGUIÇOSOS...

- A esteira começou como uma grua movida pelo homem romano do século I.
- As esteiras eram usadas nas prisões como forma de gerar energia, mas também como uma forma de punição.
- A aeróbica foi desenvolvida nos anos 1960 como uma forma de prevenir a doença arterial coronária para os militares.

PISTOLA DE ÁGUA

Acredite se quiser, não se sabe muito sobre pistolas de água antes de serem patenteadas em 1896, mas a ideia é muito mais antiga do que isso. O passatempo de fingir batalhas com armas cheias de água já existia há décadas, mas essas armas não eram tão práticas como as nossas atualmente. Elas eram compostas por uma bolsa cheia de água, presa a uma caixa de ferro fundido com um tubo. Em vez de um recipiente, a água era disparada através do buraco na frente, enquanto alguém simultaneamente pressionava a bolsa para que a água saísse.

Nos dias quentes, era um alívio bem-vindo, mas também uma forma de maldade, com algumas pessoas atirando água com força.

Em 1858, a turma do segundo ano do Amherst College (que se formaria em 1861) decidiu que a tradição de atirar nos calouros com uma pistola de água estava ultrapassada e prepararam um elaborado funeral para a pistola de esguicho adquirida pelos veteranos. Mas havia um desacordo entre as turmas, e a arma de esguichar teve que ser roubada pela turma de 61.

Enquanto estes jantavam antes da cerimônia, os veteranos conspiraram para interromper o funeral, e logo, era possível ouvir o guarda solitário gritando "61! 61!", enquanto os alunos do terceiro ano marchavam em procissão ao edifício onde a arma de esguicho era mantida, num caixão, claro. O guarda do segundo ano, segurando uma pistola de verdade para guardar um caixão com uma pistola de água (eu sei!), conseguiu conter os veteranos até que os esforços chegassem.

Infelizmente, o edifício, conhecido como Ultima Thule, sofreu o peso da batalha entre as duas classes, com a madeira das escadas e portas que foram usadas como armas. Tudo por causa de uma pistola de esguichar.

Finalmente, o reitor de Amherst chegou ao local para interromper os combates, ficando do lado da turma de 61 por suas boas intenções, e o funeral (para uma pistola de esguicho, deixe-me lembrar mais uma vez) aconteceu, com limonada, um cachimbo da paz e uma sepultura. Mas essa batalha entrou para as lendas de Amherst e ficou conhecida como o Motim da Pistola de Esguicho de 1858.

Ao longo de várias décadas, foram feitas algumas mudanças na pistola de esguicho: um gatilho foi adicionado para apertar a caixa, o plástico logo substituiu o ferro fundido, a bolsa foi retirada e a água pôde ser armazenada no cabo da pistola, para que pudesse ser usada como uma garrafa de spray doméstica comum.

Em 1977, foi adicionado um tanque de pressão motorizado para que, em vez de produzir um esguicho de água cada vez que o gatilho fosse pressionado, o usuário pudesse segurar o gatilho e disparar um fluxo de água. No entanto, as baterias para fazer funcionar o motor eram caras, e o brinquedo não fez tanto sucesso.

Em 1989, Lonnie Johnson, engenheiro mecânico e nuclear, estava trabalhando em uma bomba de calor para a missão Galileu. Quando ele levou o equipamento para casa e começou a estudá-lo, descobriu que podia atirar água mais longe e mais rápido do que as armas de esguicho que estavam então no mercado, e percebeu que daria um ótimo brinquedo para as crianças. Ele desenvolveu o movimento de bombeamento manual para pressurizar o fluxo de água sem o uso de baterias, mas levaria alguns anos para desenvolver completamente a primeira pistola de água, conhecida como Super Soaker.

A primeira empresa que Johnson procurou com o seu desenho o manteve na lista de espera durante dois anos; a segunda foi à falência porque as vendas de pistolas de água estavam diminuindo devido à sua aparência semelhante às armas reais. Mas a terceira, Larami, foi capaz de fabricar a pistola de esguicho e impulsioná-la para o topo das paradas de sucesso dos brinquedos no início dos anos 1990.

Uma das características mais populares foi a fixação de uma grande garrafa de água no topo da arma, o que significava que as crianças não tinham que reabastecer constantemente.

Em um movimento quase natural, a marca Super Soaker foi fundida à empresa Nerf em 2010 e, a partir daí, a empresa continua a crescer, com novos produtos sendo adicionados à sua linha a cada verão.

VOCÊ SABIA?

Quando Abraham Lincoln começou a chamar voluntários para lutar na Guerra Civil, o general Sherman pensou que Lincoln tinha subestimado quantos soldados eram necessários, e conta-se que ele disse: "Por quê? Mais vale tentar apagar as chamas de uma casa com uma arma de esguicho".

PARA PREGUIÇOSOS...

- As pistolas de água eram originalmente armas de metal com um tubo para a água fluir através de uma bolsa que o proprietário tinha que apertar para pressurizar a água.
- Em 1858, ocorreu um motim no Amherst College entre os alunos do segundo ano e os do terceiro por causa da arma de esguicho usada para molhar os calouros que chegavam. Volte e leia sobre o motim, é ridículo.
- Lonnie Johnson estava trabalhando na missão Galileu, quando teve a ideia da pistola de água Super Soaker.

PARTE CINCO

NO LAR

BAND-AID

Já em 1500 a.C., os egípcios usavam mel para tratar feridas, cobrir cortes e arranhões. A gaze tornou-se mais popular nos últimos séculos, especialmente na década de 1860, quando o médico Joseph Lister acrescentou o material esterilizado ao seu programa permanente de cuidados e cirurgia antissépticos.

Em 1920, Josephine Dickson era propensa a pequenos cortes e queimaduras em casa. As formas existentes de cuidar dessas feridas não eram muito fáceis de autoadministrar. Se isso aqui fosse um comercial, você veria imagens em preto e branco de alguém deixando os cortes abertos, arriscando uma infecção, ou tentando enrolar um pedaço de gaze em volta dos dedos e amarrá-lo com apenas uma mão, ou então tentando elaborar um curativo improvisado.

Neste comercial, alguém diria inevitavelmente: "Tem que haver uma maneira melhor!"

Acontece que seu marido, Earle Dickson, comprava algodão da Johnson & Johnson e tinha acesso a fitas e curativos cirúrgicos. Com a adição de um tecido rígido conhecido como crinolina, usado em saiotes, para sustentar a gaze higiênica, os dois colaram pedaços de bandagens em tiras pré-cortadas de fita cirúrgica, chegando ao protótipo do que conhecemos hoje como o Band-Aid.

A propósito, Band-Aid é o nome da marca. Bem, na verdade, "BAND-AID® Brand Adhesive Bandages" é o nome oficial.

Você pode achar que os curativos fizeram sucesso imediatamente, mas eles demoraram a virar moda. Só quando a Johnson & Johnson os forneceu gratuitamente aos Escoteiros da América para os seus kits de primeiros socorros é que finalmente ganharam público. Os escoteiros os carregavam em uma caixa de papelão presa ao cinto e usavam os Band-Aids como uma forma de ganhar suas medalhas de mérito.

Quando outras empresas tentaram ganhar o mercado de curativos adesivos na década de 1950, a Johnson & Johnson se apressou em fazer com que seu produto expulsasse os demais, certificando-se de que era o mais colante. Eles mostraram essa característica em um anúncio em que o adesivo se prendia a um ovo, mesmo em água fervendo.

Uma coisa na qual a Johnson & Johnson ignorava era o fato de afirmar, no comercial, que os curativos tinham cor de pele, quando, naquela época, eles só vinham em uma cor: o bege rosado.

Michael Panayiotis teve a inspiração de criar curativos adesivos em outros tons de pele para atender as populações negra e hispânica. Ele chamou esse produto de Ebon-Aides, e as caixas vinham com curativos em tons bege mel, canela, marrom café, e preto alcaçuz.

Infelizmente, quando as lojas compravam esses curativos, a maioria os colocava nas prateleiras de produtos específicos para pessoas negras, em vez de os colocar junto às outras caixas de curativos. Isso foi um fracasso, exceto para algumas pessoas que ainda entraram em contato com Panayiotis perguntando se eles ainda existiam.

Desde então, a Johnson & Johnson começou a fazer curativos transparentes, num esforço para ajudá-los a misturar-se com qualquer tom de pele.

O nome da marca tornou-se um trocadilho inteligente em duas ocasiões:

A primeira foi em 1984 com o Band-Aid, uma das maiores colaborações entre músicos, que se juntaram para tocar o clássico radiofônico de Natal, "Do They Know It's Christmas?". Em novembro daquele ano, Bob Geldof, dos Boomtown Rats, e Midge Ure, do Ultravox, colaboraram para escrever uma música depois de ver relatos de fome na Etiópia, contatando alguns dos músicos mais conhecidos da Inglaterra e Irlanda para gravá-la. A ideia era fazer uma música tão famosa que chamasse a atenção para a crise, e também usar os lucros da venda do disco para ajudar a causa.

Eles tiveram apenas 24 horas no estúdio para gravar, mixar e lançar a música e, de alguma forma, conseguiram mais de trinta músicos e bandas a bordo para fazer isso, incluindo Sting, George Michael, Bono, Phil Collins, Duran Duran e Spandau Ballet. Um dos maiores nomes agendados para gravar foi Boy George, que dormiu até tarde, perdendo seu voo de Nova York a Londres, foi acordado por Geldof, e correu para o aeroporto para chegar ao estúdio no último minuto e gravar seus vocais para a música.

Mas valeu a pena. O supergrupo arrecadou oito milhões de dólares com o lançamento da gravação. Mesmo quando parecia que o governo britânico ia taxar o single, Geldof enfrentou a então primeira-ministra Margaret Thatcher, que cobrava o imposto conhecido como IVA, mas depois doou suas receitas para os esforços emergenciais.

A segunda vez que a marca foi usada na cultura pop como um trocadilho inteligente foi no filme *Quase famosos*, de 2000, de Cameron Crowe, quando a personagem de Kate Hudson, Penny Lane, chamou a si mesma e às amigas de "Band-Aids", em oposição às groupies, da banda Stillwater.

VOCÊ SABIA?

O termo "gaze" surgiu no século XVI, mas os etimologistas são incertos quanto às suas origens. Tem sido dito que há uma ligação com a cidade palestina de Gaza, mas não existem provas que sustentem isso.

PARA PREGUIÇOSOS...

- A primeira cobertura de ferida conhecida foi o mel, usado pelos egípcios até 1500 a.C.
- Josephine Dickson, a esposa de um comprador de algodão da Johnson & Johnson, era propensa a acidentes domésticos. Ela e seu marido combinaram gaze, crinolina e fita cirúrgica para criar um curativo autocolante e fácil de ser aplicado pela própria pessoa.
- Os membros do projeto Band-Aid só tiveram 24 horas no estúdio para gravar, mixar e masterizar "Do They Know It's Christmas?"

FRALDAS

As fraldas percorreram um longo caminho desde o seu primeiro uso conhecido nos tempos antigos, embora o motivo para ele fosse insólito. Imagine um anúncio na TV sobre a absorção de folhas de algodão bravo, ou de pele animal coberta de grama ou musgo. Em climas mais quentes, era comum os bebês ficarem nus e serem limpos depois.

Enquanto houver humanos, haverá cocô de bebê e, se você tiver filhos, sabe como é fundamental ter sempre fraldas limpas em casa, especialmente para aqueles que acordam às duas da manhã.

Atualmente, na maior parte dos casos, deixamos de usar pele de animal nos bumbuns dos nossos bebês, e temos usado tecido há centenas de anos. No final do século XIX, a maioria dos bebês usava linho ou flanela dobrados e presos, mas, enquanto agora trocamos as fraldas de poucas em poucas horas, era comum naquele tempo deixar a fralda durante dias, até que ficasse cheia e não aguentasse mais.

Felizmente, na virada do século, o mundo ocidental tornou-se mais consciente da importância da higiene e começou a trocar fraldas com mais frequência. Consistente com os papéis na virada do século XX, as mulheres eram, na sua maioria, responsáveis pela educação dos filhos, tais como trocar e lavar as fraldas sujas.

Um tipo de fralda descartável foi inventado na Suécia nos anos 1930, feita de papel e de uma polpa de cortiça, mas foi visto, na maior parte, como um produto para as famílias que viajavam frequentemente. Ao mesmo tempo, materiais mais absorventes eram desenvolvidos. Era apenas uma questão de tempo até que essa inovação, junto ao *baby boom* pós Segunda Guerra Mundial, dessem origem a fraldas mais convenientes.

Quando a guerra começou, muitas mulheres tiveram de ir trabalhar para sustentar as suas famílias e preencher cargos enquanto os homens estavam fora, guerreando. Isso significava ter menos tempo para lavar todas as fraldas de pano sujas, o que fez com que os serviços de entrega de fraldas se tornassem populares.

Depois da guerra, uma dona de casa e mãe de dois filhos chamada Marion Donovan estava farta de trocar constantemente não só as fraldas de pano sujas, mas também os lençóis e roupas de cama. Os pais daquele tempo escolhiam entre fraldas de pano e a confusão que elas envolviam, ou calças plásticas, que eram conhecidas por causar assaduras e irritar a pele do bebê.

Donovan decidiu criar uma fralda impermeável, que ela costurou de uma cortina de chuveiro e, mais tarde, de nylon de paraquedismo. Ela incluiu em seu projeto e em suas patentes o uso de botões de plástico, que tomariam o lugar dos alfinetes de fralda que costumavam espetar a mãe ou o bebê durante a troca.

Ela chamou sua invenção de Boater e começou a tentar vender o projeto para os fabricantes, mas foi constantemente recusada, com estes dizendo-lhe que não estavam recebendo pedidos para algo como o Donovan's Boater, e que estavam perfeitamente satisfeitos com o que era encontrado no mercado.

Donovan não desistiu e começou a fabricá-los por conta própria. Ela conseguiu vender à Saks da Quinta Avenida e logo esgotou.

Sua criação ainda exigia que os pais lavassem as fraldas para reutilizá-las, e Donovan teve a ideia de criar um produto descartável de papel. Mas, mais uma vez, ela não conseguiu convencer os fabricantes de que seria um produto que valeria a pena fazer e vender.

Em 1948, a Johnson & Johnson introduziu a primeira alternativa às fraldas de pano, importadas da Suécia e chamadas Chux. O sistema de peça única foi anunciado principalmente como sendo indicado para viagens, mas a facilidade de eliminação tornou-o popular na Europa e nos Estados Unidos.

Victor Mills era um engenheiro químico na Procter & Gamble, em meados dos anos 1950, quando começou a investigar a ideia de uma fralda verdadeiramente descartável que pudesse incorporar facilmente a recente aquisição da companhia, a Charmin Paper Mills. Mas a fralda falhou no teste inicial de mercado, quando os pais não gostaram da quantidade de plástico que usava, especialmente no tempo quente.

A Procter & Gamble desenvolveu então uma fralda com menos plástico, que chamaram de Pampers, e as vendas foram lentas. Essas fraldas não apenas exigiam alfinetes de segurança para mantê-las no lugar, como também eram mais caras que as fraldas de pano. Uma vez que conseguiram diminuir o custo de fabricação, agilizando as operações para abaixar o preço, a Pampers se tornou a segunda maior marca da empresa.

Outras companhias de fraldas as seguiram rapidamente, inclusive a Johnson & Johnson, que tirou de linha as Chux em favor de seu próprio modelo de descartáveis; mas, em 1981, a indústria de fraldas descartáveis estava lotada e a Johnson & Johnson recuou.

A adição da marca Kimberly-Clark's Huggies também tinha tomado o mercado de assalto em 1978, quando eles introduziram uma cinta elástica e uma faixa de perna ao produto. A Procter & Gamble entrou com um processo contra a Kimberly-Clark, alegando que eles tinham infringido uma patente para um elástico usado na cintura, isso foi contraposto com uma ação antitruste contra a Procter & Gamble.

Essas guerras das fraldas foram finalmente aplacadas em 1992, com a Kimberly-Clark ganhando e tornando-se também a marca número 1 nos Estados Unidos. A Procter & Gamble tinha uma cota de mercado, mas, quando introduziram uma opção mais barata, a Luvs, dividiram a sua base de clientes em dois, deixando ambas as marcas lutando pela segunda colocação.

Esse não foi o único caso em que as pessoas discordaram sobre fraldas.

O dr. T. Berry Brazelton, um pediatra que estava preocupado com o número de casos de xixi na cama que via nos anos 1960, começou a aconselhar as mães dos seus pacientes a deixarem as crianças decidirem quando estavam prontas para largar definitivamente as fraldas e começar a treinar a ida ao banheiro.

Os resultados bem-sucedidos desse estudo coincidiram com a introdução, pela Pampers, de fraldas maiores para crianças mais velhas ainda não habituadas ao penico. A empresa até contratou Brazelton como consultor pago. Mas outros pediatras enquadraram isso como um conflito de interesses e denunciaram os métodos de treinamento de banheiro recomendados por Brazelton.

Hoje, só para adicionar mais uma coisa nas constantes dúvidas dos pais que esperam um bebê, a tendência das fraldas reutilizáveis regressou com toda a força, dando aos pais uma opção ecológica.

VOCÊ SABIA?

Em 1840, foi inventado o alfinete de segurança, que se tornou o método mais usado para manter fraldas em bebês.

PARA PREGUIÇOSOS...

- As crianças nos tempos antigos eram envoltas em folhas e peles de animais recheadas com musgo ou erva como fraldas.
- Marion Donovan foi uma inovadora quando se tratava de criar uma fralda que era eficaz e fácil de usar, mas os fabricantes a dispensaram.
- O médico que promoveu mais tarde o treinamento sanitário foi pago para ser consultor da Pampers, levando muitos médicos de hoje a questionarem a integridade de seus estudos.

MÁQUINA DE LAVAR LOUÇA

Alguns dos primeiros artefatos encontrados que denotam a vida humana nos tempos antigos foram a cerâmica e os utensílios de cozinha, e uma das razões pelas quais os nômades começaram a se estabelecer na região do Crescente Fértil foi a disponibilidade de água nas proximidades. Ela não era útil apenas para beber e irrigar as culturas, mas também necessária para limpar aqueles vasos e pratos.

As primeiras civilizações tinham que levar seus pratos para o abastecimento de água local, ou levar água de volta para suas casas para lavar seus utensílios de cozinha à mão. Felizmente, com o passar dos anos, as vias navegáveis tornaram-se mais comuns, como mencionado em alguns capítulos deste livro (Cano de chumbo e Hidrante). Lavar pratos tornou-se mais fácil quando a água passou a ser mais acessível em casa.

Durante centenas de anos, não parecia haver alternativa para lavar a louça à mão, apesar de muitos terem tentado inventar uma máquina de lavar louça, sem sucesso. Em 1850, uma máquina de madeira foi patenteada por Joel Houghton. Ela usava uma roda giratória manual, mas para esse aparelho fazer seu trabalho era necessário mais esforço do que simplesmente lavar a louça da forma tradicional.

Apenas aqueles que tinham meios para o fazer podiam contratar criados para lavar a louça por eles.

Josephine Garis Cochrane estava em uma dessas camadas privilegiadas, mas se encontrava constantemente irritada com o fato de seus servos desajeitadamente lascarem suas porcelanas finas enquanto as lavavam. Ela passou a lavar os pratos, com supostos duzentos anos de idade, com as próprias mãos.

Seu pai era engenheiro e seu bisavô tinha sido um inovador no mundo dos barcos a vapor. Isso foi durante a Revolução Industrial, quando qualquer tarefa parecia poder ser automatizada por uma máquina. Então, ela se propôs a criar um aparelho que pudesse lavar pratos com mais eficiência do que as mãos humanas.

Diz-se que na manhã em que teve essa ideia, ela parou no meio da lavagem de pratos para começar a pesquisar em sua biblioteca, sem sequer perceber que ainda estava segurando um copo em suas mãos. Logo teve a ideia de um suporte que segurasse a louça no lugar enquanto a pressão da água a lavava e enxaguava.

Começou a medir seus pratos e copos e a projetar compartimentos de arame para segurá-los, que depois seriam colocados em uma caldeira de cobre. Os pratos acionariam uma roda enquanto a água quente com sabão era usada para limpá-los. Logo após a morte do marido, ela percebeu que precisava que a máquina de lavar louça fosse um sucesso, não apenas para sua própria conveniência, mas também para saldar as muitas dívidas que ele deixou para trás.

Depois de mostrar seu projeto a alguns engenheiros, ela ficou frustrada quando eles começaram a mudá-lo, só para perceber que seu desenho original era melhor do que qualquer coisa que eles pudessem inventar.

"Eles sabiam que eu não tinha conhecimento, academicamente, sobre mecânica, e insistiram no seu próprio caminho com a minha invenção, até se convencerem de que ela era a melhor, não importando como eu tenha chegado a ela", disse.

Finalmente, ela trabalhou com o mecânico George Butters para concretizar seu projeto, e registrou a patente em 1886.

Infelizmente, o sucesso que ela esperava com as donas de casa não veio logo no início. No entanto, ela mostrou sua invenção na Exposição Mundial da Colômbia de 1893, e hotéis e restaurantes tiveram interesse suficiente para fazer dela o sucesso que esperava. Sua empresa, a Garis-Cochran Manufacturing Company, passou a ser conhecida como KitchenAid e agora faz parte da Whirlpool.

As máquinas de lavar louça não diminuíram em popularidade, embora tenham levado algumas décadas para que se tornassem mais facilmente disponíveis para as famílias. Nessa época, tornaram-se comuns em todos os tipos de cores berrantes que os anos 1970 tinham para oferecer. As máquinas de lavar louça podem ser volumosas, ocupando espaço valioso em cozinhas menores (na verdade, temos uma que fica na bancada da nossa pequena cozinha), por isso lavar louça à mão ainda é uma necessidade de muitos.

VOCÊ SABIA?

Alguma vez você deixou a louça na pia de molho (ou pediu a um membro preguiçoso da casa para fazer isso sem a intenção de realmente lavar)? Bem, na verdade é uma das piores coisas que se pode fazer, higienicamente falando. Pratos mergulhados em água fria são, na verdade, um local de reprodução de bactérias. Portanto, chega de desculpas!

PARA PREGUIÇOSOS...

- Se você acha que lavar pratos é irritante agora, imagine ter que levar esses pratos para a fonte de água local para limpá-los, ou ter que carregar água suficiente para lavá-los em casa.
- Josephine Garis Cochrane, uma rica socialite, estava cansada de que seus criados lascassem a porcelana de herança depois de entreter os convidados, por isso decidiu criar uma máquina para lavar seus pratos.
- Assim que conseguiu criar a sua máquina de lavar louça, os hotéis e restaurantes ficaram interessados e compraram as suas primeiras unidades.

CANO DE CHUMBO

Este capítulo é baseado num episódio do podcast The Story Behind *que fez parte de uma série baseada nas armas do jogo* Detetive.

Os tubos e canos existem desde pelo menos 3000 a.C, segundo arqueólogos, que encontraram tubos de cobre em ruínas de palácios na Índia. E a primeira descarga conhecida foi em Creta, no século XVII a.C. É engraçado pensar no chumbo como sendo uma *melhoria* na canalização, especialmente por causa do que sabemos agora sobre envenenamento por chumbo e os problemas em lugares como Flint, Michigan. Mas o sistema do Império Romano para trazer água à Roma, conhecido como os aquedutos, usava, por razões sanitárias, não só o chumbo, mas também bronze e mármore, desde 500 a.C. até meados do século XV.

O chumbo tem sido um metal popular para a civilização ocidental há séculos. Mas os tubos de chumbo afetavam a saúde dos romanos? Bem, Vitrúvio, um arquiteto conhecido por seu trabalho nos governos de César e Augusto e provavelmente mais reconhecido como o homem retratado no desenho de Leonardo da Vinci, comentou certa vez: "A água conduzida através de tubos de barro é mais saudável do que a conduzida pelo chumbo; de fato, essa conduzida pelo chumbo deve ser prejudicial, porque dela se obtém chumbo branco, e diz-se que este é prejudicial ao sistema humano".

Naquele tempo, havia muitas declarações questionáveis feitas sobre a saúde, mas esta acabou não sendo uma delas, já que ele havia observado a saúde precária daqueles que trabalhavam com chumbo. Esse elemento não era utilizado apenas para a obtenção de água, mas também para fazer panelas e chaleiras.

Alguns até sugerem que o envenenamento por chumbo foi um dos fatores que contribuíram para a queda de Roma. Na verdade, é altamente improvável, considerando que os romanos mantinham constantemente a água fluindo através dos tubos de chumbo, assim, depósitos minerais de água calcária revestiriam os tubos, criando uma camada entre o chumbo e a água. Atualmente, fechamos as torneiras das nossas casas, deixando a água assentar nos canos, e, se esses canos fossem feitos de chumbo, haveria uma maior probabilidade de que esses depósitos fluíssem pela nossa água.

Quando pensamos no cano de chumbo em termos do seu uso como arma no jogo Detetive e na sua subsequente versão cinematográfica, ele pode assumir um significado totalmente novo.

Seria possível o sr. Pessoa morrer por causa de um cano de chumbo?

Talvez de uma pancada na cabeça, mas me permita filosofar um pouco, sim?

Lee Ving, vocalista da banda punk Fear, interpretou o sr. Pessoa no filme *Os sete suspeitos*, baseado no jogo Detetive. Ele tinha 35 anos quando o filme estreou. Digamos que o sr. Pessoa tinha a mesma idade que Ving no ano em que o filme se passa, 1954. Isso significa que ele teria nascido antes dos anos 1920.

Naquela altura, o chumbo estava por todo o lado. Sua mãe (a sra. Pessoa) provavelmente ingeriu chumbo em seu sistema quando estava grávida do bebê Pessoa.

Os brinquedos com que ele brincava muito provavelmente eram pintados com tinta de chumbo, sem mencionar que o seu quarto e sua casa também eram pintados com tinta de chumbo. Há uma chance de ele ter usado pratos e tigelas decorados com tinta de chumbo, também.

Como homem rico, ele teria talvez um ou dois carros, que funcionavam com gasolina e chumbo; os carros continuaram assim até os anos 1970, e é por isso que hoje você vê a gasolina rotulada como sem chumbo.

Embora fosse amplamente conhecido por ser tóxico já no século anterior, a indústria do chumbo estava em plena expansão. Na década de 1950, no entanto, os funcionários da saúde pública estavam divulgando os perigos do chumbo em casa, e as crianças eram levadas aos médicos para serem testadas quanto aos níveis de chumbo no seu sistema, que, muitas vezes, eram elevados e ligados à água que bebiam e à pintura de suas casas.

Portanto, mesmo que não saibamos se o sr. Pessoa morreu de uma pancada de cano de chumbo na cabeça, posso garantir que a saúde dele foi afetada de alguma forma por um.

VOCÊ SABIA?

O chumbo lixiviado é a quantidade de chumbo encontrada em artigos de cerâmica revestidos com tinta de chumbo. A FDA só começou a aplicar um limite estabelecido há cerca de cinquenta anos. Isso não significa que as cerâmicas antigas, passadas por gerações, contenham necessariamente chumbo, mas ainda é uma boa ideia comprar kits de teste para quaisquer peças antigas nas quais você ainda possa estar usando para comer.

PARA PREGUIÇOSOS...

- Os tubos e canos existem há mais de cinco mil anos.
- Embora os perigos do chumbo sejam hoje amplamente conhecidos, era um material popular usado para sistemas de água no Império Romano.
- Mesmo que o personagem do sr. Pessoa no filme *Os sete suspeitos* não tenha morrido pelo cano de chumbo, a sua saúde pode ter sido afetada por beber água deles, comer e brincar com brinquedos decorados com tinta à base de chumbo, e por dirigir um veículo usando gasolina e chumbo.

SACO DE PAPEL

Se você acha que sacos de papel são sem graça, provavelmente tem razão. Ninguém lhes dá muita importância, a não ser que se rasguem enquanto transportam as compras. Mas a história deles é muito mais complexa.

Até 1800, as pessoas levavam seus artigos em sacolas de tecido, papel amarrado com cordel, cestas de palha ou cornucópias. Quando Francis Wolle estava trabalhando na mercearia de seu pai em Jacobsville, Pensilvânia, em 1852, ele começou a trabalhar em uma máquina que pudesse rapidamente dobrar papel em formato de saco parecido com um envelope. Ele criou a Union Paper Bag Company, em 1869, e o uso de sua máquina rapidamente se tornou o método mais comum de fabricação de sacos de papel.

Margaret "Mattie" Knight trabalhava para outra empresa de fabricação de sacos de papel, a Columbia Paper Bag Company em Springfield, Massachusetts, fazendo as sacolas em estilo envelope, quando começou a ouvir rumores das tentativas dos engenheiros de criar uma máquina capaz de fazer uma sacola com um fundo plano.

Quando criança, ela era conhecida por mexer em brinquedos como pipas e trenós para melhorá-los, e por sua natureza inventiva e inquisitiva. Ela deixou a escola aos doze anos para começar a trabalhar numa fábrica de algodão em New

Hampshire. Ao ver o número de ferimentos que ocorriam nos teares quando as pontas de aço voadoras se soltavam, ela concebeu uma cobertura para evitar que isso acontecesse. Essa cobertura acabou sendo usada não apenas naquela fábrica de algodão, mas em todo o nordeste americano. Mais uma vez, ela só tinha doze anos quando inventou isso!

Ao ouvir os problemas que outros engenheiros estavam tendo ao inventar uma máquina para criar sacos de papel com fundo plano, ela aceitou o desafio. Enquanto ainda fazia seu trabalho durante o dia, ela estudava as máquinas, depois deixava a jornada para passar longas noites criando o conceito de uma máquina que usaria o que ela chamava de "porta-pratos", que dobraria o fundo das sacolas. Ela finalmente completou um modelo em madeira, em 1867, para mostrar aos seus superiores.

Durante sua demonstração, mil sacolas foram dobradas – basicamente fazendo o trabalho de trinta homens – e ela recebeu permissão para levar sua máquina a Boston para que criassem uma versão de ferro.

Mas aqui a história tem uma reviravolta, digna de filme. Um inventor de Boston chamado Charles F. Annan era um visitante frequente do maquinista que estava trabalhando no design de Knight. Quando a máquina de Knight foi concluída, ela procurou patenteá-la, em 1871, e descobriu que Annan tinha copiado seu desenho e já tinha registrado uma patente.

Numa época em que as disputas de patentes geralmente não favoreciam as mulheres, Knight levou Annan ao tribunal, gastando cem dólares por dia com um advogado de patentes para ajudá-la a se defender. Algumas fontes até dizem que a sorte de Annan foi que Knight não foi devidamente educada e não era considerada como alguém que pudesse ter inventado o conceito de tal máquina. Com a ajuda de todos os seus esboços e relatos de testemunhas oculares, Knight foi capaz de ganhar o processo e recebeu os direitos pela patente. (Sério, por favor, alguém faça disso um filme!)

A rainha Vitória condecorou Knight com a Legião de Honra naquele ano pela sua inovação. Quando morreu, aos 76 anos de idade, ela já tinha acumulado pelo menos 27 patentes, incluindo uma máquina para cortar solas de sapatos, um extintor de incêndio e várias melhorias em motores.

Mas a história da sacola de papel não parou aí. Alguns anos mais tarde, Charles Stilwell melhorou o design, adicionando vincos às laterais, facilitando encher os sacos vazios para um melhor armazenamento. Ele chamou de "SOS", que significava *Self-Opening Sack* ou "sacola que se abre sozinha".

O design da Stilwell é a base para o moderno saco de papel, que caiu em desuso quando as sacolas plásticas se tornaram mais fáceis e baratas de serem produzidas. Hoje, ambas as sacolas estão se tornando impopulares, à medida que algumas lojas cobram por sacolas descartáveis, fazendo com que os clientes levem as suas próprias sacolas.

No entanto, dependendo dos estudos que ler, há uma confusão entre papel e plástico quanto ao que é melhor para o meio ambiente. Os sacos plásticos utilizam menos recursos para serem produzidos, enquanto os sacos de papel se desintegram mais rapidamente. É provável que mais pessoas reciclem sacos de papel ou os reutilizem (capas de livros, talvez?), enquanto os sacos de plástico são reciclados apenas um por cento das vezes nos Estados Unidos (a porcentagem é mais alta no Canadá), mesmo assim, muitos fabricantes de sacolas plásticas estão deixando as sacolas mais ecologicamente corretas.

VOCÊ SABIA?

Já que Knight tornou-se tão conhecida pelas suas invenções em vida, ela foi anunciada em seu obituário como "Madame Edison". No entanto, morreu com cerca de apenas trezentos dólares em seu nome.

PARA PREGUIÇOSOS...

- Antes do saco de papel de fundo plano ser inventado, as compras eram levadas para casa em sacos de tecido, embalagens embrulhadas, ou grandes envelopes de papel ou cones.
- Margaret Knight criou a máquina de sacos de fundo plano, e seu desenho foi roubado antes que ela pudesse registrar a patente.
- Ela finalmente ganhou a ação judicial sobre a patente e passou a viver o resto de sua vida como inventora, conquistando diversas patentes nos anos seguintes.

PAINÉIS SOLARES

Enquanto houver vida na Terra, a dependência do sol persistirá. As religiões antigas adoravam o sol, incluindo os egípcios, que adoravam Amon, o deus do sol, como o ser supremo. Os governantes daquela época incorporaram o nome do deus em seus próprios nomes porque ele era muito reverenciado (Tutancâmon é o exemplo mais notável).

Os raios solares têm sido aproveitados para uso humano desde o século VII a.C., quando uma lupa foi usada para criar fogo. Desde então, os humanos têm recorrido ao sol para fornecimento não apenas de luz, mas também de calor e, eventualmente, energia elétrica.

Em 1839, o cientista francês Edmond Becquerel descobriu que a luz produzida pelo sol criava tensão elétrica, ao colocar ouro ou platina em uma solução e viu que uma corrente elétrica poderia ser gerada quando aquelas placas metálicas fossem expostas ao sol. Isso começou uma corrida na comunidade científica para criar um sistema em que a energia solar pudesse ser convertida em eletricidade para uso diário.

No entanto, o custo dos materiais dificultou as primeiras tentativas de comercialização de energia solar. Já na década de 1860, August Mouchet desenvolveu uma impressora movida a energia solar, mas o governo francês cancelou seu financiamento, decidindo que isso não era economicamente viável.

Na mesma época, o eletricista Willoughby Smith estava usando barras de selênio para ajudar a detectar falhas em um cabo que era usado para comunicação telegráfica. O selênio funcionava à noite, mas, quando o sol se punha, quase não era eficaz. Percebendo que o sol afetava seu desempenho, Smith fez experiências para ver se era a luz ou o calor a chave para a condutividade do elemento. Ele, assim como outros cientistas, descobriu que o material estava criando um fluxo de eletricidade.

Uma vez que as centrais elétricas alimentadas por combustíveis fósseis se tornaram o padrão, a pesquisa de energia solar foi posta em segundo plano. Mas George M. Minchin decidiu que não era bom para a ciência descartar o sol como fonte de energia e começou a fazer uma série de experiências durante o século XIX.

Albert Einstein expandiu a pesquisa de Minchin e descobriu que a luz consistia em pacotes de energia, que agora são chamados de fótons, que variavam de acordo com o comprimento de onda. O problema era ser capaz de converter fótons suficientes de forma eficiente para criar energia de uso diário.

Mas os cientistas não perderam a esperança de usar o sol como fonte de energia. Uma das invenções mais notáveis foi feita por Maria Telkes, que trabalhou no Massachusetts Institute of Technology durante a Segunda Guerra Mundial, para criar um destilador movido a energia solar que pudesse transformar água do mar em água potável.

Ela continuou a trabalhar com energia solar durante o restante de sua carreira. Em 1948, com a ajuda da arquiteta Eleanor Raymond, construiu uma primeira casa aquecida com energia solar, localizada em Dover, Massachusetts. Ela foi capaz não só de captar raios solares para aquecer a casa por meio de painéis tipo caixa, mas também de melhorar a tecnologia antiga para desenvolver fogões e aquecedores movidos a energia solar. Além disso, ajudou o Departamento de Energia a construir a primeira residência que utilizava a energia solar elétrica em 1980.

À medida que a ciência nessa área avança, a capacidade dos painéis solares e da energia solar aumenta, e muitas casas estão agora complementando o seu consumo de eletricidade com energia solar – com painéis solares em cima de edifícios e em grandes conjuntos de centrais elétricas por todo o mundo. Essa é uma forma de tentar eliminar gradualmente o consumo de combustíveis fósseis, ou pelo menos reduzir uma dispendiosa conta doméstica de eletricidade.

Se este pequeno capítulo – em que uma estudante medíocre de ciências tenta falar sobre tecnologia – não intrigar você o suficiente, há sempre o clássico e terrível filme cult *Birdemic* que pode ter convencido pelo menos três ou quatro pessoas a mudar para painéis solares (ou "slr pnls", como são chamados no filme).

VOCÊ SABIA?

Se você é fã de podcast e quer saber mais sobre painéis solares e energia solar, eu recomendo o canal *Sunshine & PowerCuts* de Heather Welch, que é mantido de maneira inteiramente independente na Nova Zelândia.

PARA PREGUIÇOSOS...

- Os egípcios costumavam celebrar o deus sol Amon e os líderes assumiam esse nome como parte do seu próprio nome, como Tutancâmon.
- Albert Einstein descobriu que a luz consistia em pacotes de energia, agora conhecidos como fótons.
- Maria Telkes construiu a primeira residência aquecida inteiramente com energia solar.

LENÇOS DE PAPEL

Antes de existir lenços de papel, havia lenços de bolso, que eram usados desde os antigos egípcios, em 2000 a.C., e eram feitos de linho branco. A primeira referência escrita ao lenço foi feita pelo poeta romano Catulo, no século I d.C. Eles eram mais comumente usados para proteger o rosto do sol e para limpar o suor.

No século XIII, eles eram conhecidos como um *couvrechef*, em francês antigo *couvre* significa "cobrir" e *chef* significa "cabeça". Esse lenço foi logo renomeado pelos ingleses como *Hand-Cover-Chief*.

Quando Catarina de Médici se casou com Henrique II, ela levou para a França a moda dos lenços de renda perfumados, tornando-os acessórios populares, mesmo que Henrique tenha dito que os usava para limpar seus dentes.

Shakespeare até usou um lenço como catalisador na tragédia *Otelo*; quando Iago planta o lenço de Desdêmona em Cassio, resultando no assassinato da moça pelo ciúme de Otelo. (Desculpe, eu deveria ter dado um alerta de spoiler?)

Uma das mais conhecidas usuárias de lenço foi Maria Antonieta. No século XVIII, ela teria rasgado pedaços da renda de seu vestido e roupa íntima durante a viagem da Áustria para a França – ao enxugar suas lágrimas – enquanto era levada para casar-se com Luís XVI. Ela lançou a moda dos lenços, desejando ter sempre um pronto para as futuras lágrimas.

Mas isso é considerado mais folclore do que fato. No entanto, ela decretou que os lenços fossem tão largos quanto longos, levando a uma padronização de tamanho de 25 por 25 centímetros, tamanho ainda comum atualmente.

Os lenços de bolso, durante algum tempo, eram considerados tabu se vistos fora da roupa. Eram normalmente enfiados em bolsos, bolsas, mangas ou em corpetes, mas quando o terno de duas peças entrou na moda, no século XIX, tornou-se habitual para os homens dobrá-los e usá-los como quadrados no bolso para adicionar um ponto de cor a um traje antes monótono.

Uma mulher daria um lenço perfumado a um homem a quem ela mostrava interesse ou, como se via normalmente, deixaria cair intencionalmente o lenço para um cavalheiro ou pretendente em potencial recuperar. A propósito, nem sempre o tecido era perfumado como uma prova de que seu proprietário cheirava bem; eles também eram usados como máscaras faciais antes da água encanada moderna estar disponível.

Os lenços de bolso tornaram-se ainda mais românticos durante a Segunda Guerra Mundial, quando soldados europeus e americanos os guardavam como sinal de afeto. Eles foram igualmente úteis quando era comum os mapas serem impressos em lenços de seda para os pilotos, durante as duas guerras mundiais, no caso de serem abatidos.

Como você pode imaginar, o uso de um pano para limpar o nariz resultou na fácil propagação de germes, além da necessidade de carregar um lenço ranhoso no bolso ou no corpete.

Quando a Kimberly-Clark Corporation lançou o Kleenex em 1924, eles eram originalmente destinados ao uso com um creme removedor de maquiagem. Apenas dois anos depois é que os clientes escreveram para a empresa, dizendo que usavam esses tecidos faciais para assoar o nariz mais do que qualquer outra coisa.

Quando foi realizado um teste em um jornal em Peoria, Illinois, pedindo aos leitores que escolhessem o uso que preferiam, sessenta por cento dos leitores responderam que os usavam como um lenço descartável para assoar o nariz, levando a Kimberly-Clark a mudar sua estratégia de marketing para refletir isso.

Durante a Segunda Guerra Mundial, quando o racionamento limitava a fabricação de Kleenex, a tecnologia era usada para ajudar a criar curativos para feridas. Ao final da guerra, a produção de lenços de papel voltou ao normal. Os lenços de papel Kleenex já tinham se tornado um nome familiar, mas nem todos os lenços de papel são Kleenex. Essa é uma daquelas marcas que se tornaram genéricas com o decorrer do tempo.

O nome Kleenex refere-se a sua utilização para limpar, *to clean*, em inglês, e o "ex" era uma associação a outro produto popular da Kimberly-Clark, os absorventes Kotex. A propósito, Kotex foi uma aglutinação das palavras algodão; *cotton* em inglês; e textura ou *texture*, para descrever os materiais utilizados.

VOCÊ SABIA?

Há uma lenda urbana na internet sobre um suposto comercial assombrado da Kleenex no Japão, que apresenta um bebê vestido de ogro. Depois de algumas reclamações sobre o comercial, começou um rumor de que o elenco e a equipe que trabalharam nele tinham morrido ou sido atingidos por uma tragédia. Nada disso é verdade, mas você ainda pode encontrar muitas versões desse comercial maldito do Kleenex no YouTube, incluindo algumas que aparentemente ficam distorcidas se assistidas à meia-noite.

PARA PREGUIÇOSOS...

- Os lenços de bolso já eram usados em 2000 a.C.
- Catarina de Médici levou os lenços para a França quando se casou com Henrique II, mas foi Maria Antonieta quem os popularizou.
- Os lenços descartáveis foram originalmente feitos para remover a maquiagem do rosto, mas os consumidores os usavam como uma forma mais higiênica de assoar o nariz.

ESCOVA DE DENTES

Numa sátira de Horace Miner, de 1956, chamada " O Ritual do Corpo Entre os Nacirema" o antropólogo escreveu: "O ritual corporal diário realizado por todos inclui um rito bucal. Apesar dessas pessoas serem meticulosas no cuidado com a boca, esse rito envolve uma prática que causa revolta no não iniciado. Foi-me relatado que o ritual consiste em inserir um pequeno feixe de pelos de porco na boca, juntamente com certos pós mágicos, e depois mover o feixe numa série altamente formalizada de movimentos".

Nacirema, a propósito, é *american* escrito ao contrário. Miner escreveu sobre americanos e seus chamados rituais bizarros, como escovar os dentes e ir ao dentista, a partir de uma perspectiva antropológica. Mas, se você não soubesse que isso é uma sátira, poderia soar completamente bizarro.

É algo que fazemos todos os dias, espero que duas vezes, como prescrito pelos dentistas. Mas, estranhamente, somos a única espécie que escova os dentes ativamente.

Você pode ter ouvido uma anedota ou visto fotos de crocodilos que adormecem com a boca aberta enquanto pássaros egípcios pegam restos de comida dos dentes deles, basicamente fazendo sua higiene dental.

Segundo os ornitólogos, não existem provas disso, além do vídeo do CGI Group de um comercial de chicletes; mas os animais que consomem muita fibra limpam naturalmente os dentes. Até os elefantes limpam as presas, usando-as para cavar buracos ou roer a casca das árvores.

Então, por que é que nós, humanos, precisamos nos preocupar tanto com os nossos dentes?

Simples: o açúcar e os alimentos processados deterioram os nossos dentes mais rapidamente do que as proteínas, grãos e gordura consumidos por muitos outros animais. Somos os únicos que podem realmente apreciar um Frappuccino da Starbucks, em detrimento dos nossos dentes.

As escovas de dentes, como as conhecemos hoje, surgiram muito recentemente, em comparação com o tempo que as pessoas habitam o planeta. Acredita-se que os humanos, já em 5000 a.C., usavam os dedos indicadores para escovar os dentes, usando um pó feito de cinzas de cascos de boi, mirra, casca de ovo e pedra-pomes.

Em 3000 a.C., os humanos mastigavam paus com pontas esgarçadas, apropriadamente conhecidos como paus de mastigar. Os egípcios estavam tão preocupados com o brilho dos seus sorrisos que era até comum utilizarem a urina como branqueador natural.

Escritos de monges chineses do século XIII sugerem que eles usavam uma escova feita de pelos de cavalo para limpar os dentes. Na Idade Média, o ocidente também usava pelos de cavalo, enquanto as cerdas de javali eram usadas no oriente. Penas de ganso, prata e cobre eram moldados em palitos de dentes e também usados para limpá-los.

Mas o verdadeiro termo "escova de dentes" não foi registrada até 1690, em uma autobiografia escrita por Anthony Wood, um antiquário inglês que estudava história através de artefatos. A escova de dentes, entretanto, não foi um artefato que encontrou; na verdade, ele mencionou a escova em sua autobiografia, em uma passagem sobre ter que comprar uma.

A primeira versão do que conhecemos agora como escova de dentes veio quando um fabricante de tecidos chamado William Addis foi enviado para a prisão, em 1780, por ter iniciado um tumulto. Enquanto estava lá, ficou cansado de usar um trapo e um pouco de pó de tijolo para limpar os dentes. Diz-se que ele, inspirando-se em uma vassoura, tirou um osso de sua refeição, fez buracos e pediu a um guarda que lhe arranjasse alguns pelos de animal, que ele colou ou costurou através dos buracos.

Os historiadores debatem se ele realmente fez a escova de dentes na prisão ou apenas teve a ideia lá. De qualquer forma, uma vez solto, ele fez carreira vendendo essas escovas, e a empresa ainda está por aqui, agora conhecida como Wisdom Toothbrushes.

Na Revolução Industrial, as escovas de dentes eram um sinal de status. Apenas os ricos gastavam dinheiro em frivolidades como manter os dentes limpos, e mesmo assim, não havia recomendações de dentistas para a frequência de escovação, por isso não há uma maneira real de saber com que frequência os dentes eram escovados naquela época.

Só quando a escola se tornou obrigatória para as crianças, no início do século XIX, é que a cárie dentária e, mais importante ainda, a sua prevenção, foi trazida à consciência coletiva.

Num estudo com crianças em Elmira, Nova York, apenas 22 das 447 crianças tinham dentes perfeitos, enquanto o resto tinha abundância de cáries e apodrecimento. Dentistas foram levados para as escolas para mostrar às crianças uma higiene dentária adequada. As escolas começaram a dar as escovas de dentes ou a vendê-las barato, na esperança de que o hábito pegasse. Isso, combinado com uma campanha publicitária de sucesso da Pepsodent – definindo um problema que as pessoas nem sabiam que tinham em um filme chato e pouco atraente sobre os dentes e trazendo uma solução fácil para um belo sorriso –, fez com que a escovação se tornasse popular.

Quando os Laboratórios DuPont inventaram o nylon, em 1937, as cerdas feitas com o novo material substituíram os pelos de javali ou cavalo usados normalmente nas escovas, e este foi o mesmo ano em que a escova de dentes elétrica foi inventada, o que nos traz até os dias atuais.

Então, aqui vai uma pergunta, como está a sua vontade de escovar os dentes agora?

VOCÊ SABIA?

Em 2003, a escova de dentes foi designada a invenção número 1 sem a qual os americanos não podiam viver.

PARA PREGUIÇOSOS...

- Nos tempos antigos, os dentes eram limpos com o dedo ou com a mastigação de galhos.
- Nós, seres humanos, somos a única espécie que precisa escovar os dentes por causa do açúcar e dos alimentos processados que comemos.
- William Addis teve a ideia da escova de dentes enquanto estava na prisão em 1780.

PARTE SEIS

NA MÚSICA

CANÇÃO DE NINAR

Um dos meus mentores de podcasting, Dave Jackson, costumava dizer que os bebês eram assassinos de podcast. Quando comecei *The Story Behind*, estava determinada a não deixar que a minha gravidez impedisse quaisquer planos de continuar o programa, e consegui armazenar episódios suficientes para durar cinco semanas. Mas, quando voltei, muitos tópicos que eu queria cobrir giravam em torno do meu novo mundo: o bebê, inclusive este, que eu descobri ser uma das formas de acalmar o meu filho.

As canções de ninar já existiam em 2000 a.C., segundo sabemos. Em uma tábua de barro do tamanho da palma da mão, datada da antiga Babilônia (Iraque nos dias de hoje), está uma canção de ninar feita em escrita cuneiforme. Embora tenha como objetivo acalmar um bebê para dormir, a letra da música avisa a criança para ir dormir ou então um demônio vai acordar e comê-la.

Se você acha que isso é a coisa mais ameaçadora que alguém poderia cantar para o seu próprio filho, saiba que avisos semelhantes são cantados às crianças, mesmo nos tempos modernos, em todo o mundo.

Pense na tragédia que seria um galho de árvore quebrando e um bebê caindo dele, como escrito na música "Rock-a-bye Baby". Como muitas canções de ninar são transmitidas de geração a geração, é fácil esquecer que canções, rimas infantis e até mesmo contos de fadas nem sempre foram tão familiares como são hoje, com alguns deles sendo mórbidos e assustadores. Claro que, como os bebês ainda não compreendem a linguagem, são os sons tranquilos dessas canções que ajudam a acalmá-los.

Quando um bebê está no útero, há pouco do exterior que ele possa sentir. Na verdade, a razão pela qual as máquinas de sons para bebês com ruído brando e batimentos cardíacos são tão populares é porque se destinam a imitar o que o feto experimenta à medida que a sua audição se desenvolve no útero.

Mas o outro som que um bebê ouve antes do nascimento é a voz da mãe. Mesmo sendo abafada, eles já têm ciência dela, e algumas pessoas dizem que as canções de ninar cantadas pela mãe podem agir como uma ponte entre a vida no útero e a vida fora dele. Isso também pode funcionar se, enquanto no útero, o bebê for exposto à voz de outros de forma consistente. (Na verdade, levando em consideração o número de podcasts que ouço, me perguntei muitas vezes com qual podcast meu filho está mais familiarizado.)

Há até a história de um irmão que cantava "You Are My Sunshine" todas as noites para sua irmãzinha enquanto ela estava na barriga da mãe. Quando nasceu, ela tinha problemas de saúde e não parecia que iria sobreviver. Foi o irmão cantando que trouxe seus sinais vitais de volta e fez com que tivesse uma recuperação milagrosa. No entanto, o site Snopes registra essa história como uma lenda.

Uma coisa que não fiz com os meus filhos foi cantar as canções de ninar mais básicas – aquelas que todo mundo sabe –, porque já tinha ouvido tanto que estava farta delas antes mesmo de ter filhos. Mas, quando você pensa nessas canções de ninar, já se perguntou por que são eficazes?

Tons suaves e ritmos calmos parecem fazer o maior sentido para que uma canção de ninar ajude um bebê a adormecer. E para aqueles, como eu, que não suportam canções de ninar tradicionais, CDs de canções de ninar tornaram-se populares, como os CDs *Rockabye Baby* com covers de canções de ninar por artistas como Journey, Aerosmith, The Beatles, Kanye West e até mesmo a trilha sonora do musical Hamilton, tornando-os mais palatáveis para os ouvidos dos adultos.

No entanto, estudos têm demonstrado que ter vozes familiares cantando essas canções de ninar pode ser o mais eficaz para acalmar uma criança. Não só isso, cantar letras de músicas ou até recitar rimas infantis pode ajudar a desenvolver as primeiras habilidades linguísticas. A própria música tem sido, comprovadamente, uma ajuda benéfica para a aprendizagem de bebês e crianças pequenas também. Em contraste, embora você já tenha ouvido falar do "Efeito Mozart" – a ideia de que tocar música clássica para bebês pode torná-los mais inteligentes – os cientistas têm tido resultados mistos sobre isso, e até mesmo advertem sobre o uso da música clássica como um substituto para a brincadeira geral e interação com os pais.

A letra da música dos Beatles "Good Night" ou "Golden Slumbers" pode fazer mais sentido como uma canção de embalar, mas as canções "Lucy in the Sky with Diamonds" ou "Norwegian Wood" podem ser mais eficazes por causa do seu compasso de tempo 3/4. Comumente conhecido como o tempo da valsa, ele imita o rock, e muitas canções de ninar tradicionais de todo o mundo são escritas nesse compasso. O movimento de embalar e até a batida da canção de ninar imitam os movimentos que o bebê sentiu antes de nascer.

Uma das canções de ninar mais familiares é "Lullaby", de Brahms, também conhecida como "Cradle Song". Foi escrita em 1868 e originalmente se chama "Wiegenlied: Guten Abend, Gute Nacht", que em alemão quer dizer "Canção de ninar: Boa noite, boa noite", e há uma teoria de que ela foi baseada numa canção vienense que uma mulher chamada Bertha Faber costumava cantar para Brahms.

Não está claro se ele teve uma relação romântica com ela quando se conheceram pela primeira vez. Mas quando ele se aproximou novamente dela, depois de alguns anos, quando ela já estava casada e tinha um filho, Brahms enviou a canção com a intenção de que, enquanto ela cantasse para a criança dormir, pudesse perceber que ele a tinha escrito como uma canção de amor para ela.

A canção também foi gravada por um aparelho de Thomas Edison em 1889 e é considerada a primeira gravação feita por um grande compositor, embora o piano seja, na sua maioria, inaudível por causa do ruído intenso na gravação.

A música "Brilha, brilha, estrelinha" é comumente atribuída a Mozart, mas a melodia na verdade vem de uma velha canção francesa. Mozart compôs um conjunto de doze variações baseadas na melodia, muito provavelmente enquanto esteve em Paris, em 1778, e recebeu a letra de um poema chamado *A estrela*, da poetisa inglesa Jane Taylor. Não está claro se Taylor pretendia que seu poema se tornasse a letra da música quando a escreveu originalmente, mas ela apareceu junto à melodia em um repertório publicado anos depois.

As origens de "Rock-a-bye Baby" e "Hush Little Baby" são ambas variadas e difíceis de identificar, mas a versão R&B desta última, escrita e gravada por Inez e Charlie Foxx e popularizada por James Taylor e Carly Simon, tornou-se mais um clássico popular do que uma canção de ninar real. Agora, é difícil até pensar nessa música sem imaginar a interpretação cantada por Jim Carrey e Jeff Daniels no filme *Debi & Loide*, de 1994.

VOCÊ SABIA?

Caso queira algumas ideias para as canções de ninar, uma das minhas playlists favoritas que preparei para o meu filho pode ser encontrada em thestorybehindbook.com/LullabyPlaylist.

PARA PREGUIÇOSOS...

- As canções de ninar já existiam no ano 2000 a.C.
- Uma forma de distinguir uma canção de ninar é pelo seu compasso. Muitas músicas que consideramos canções de ninar são escritas em tempo 3/4.
- A canção de ninar de Brahms foi na verdade escrita como uma canção de amor para uma mulher casada cantar para o seu filho.

MUSICAIS

Este é provavelmente o meu episódio favorito do The Story Behind, *pois foi inteiramente cantado com a melodia de "A Canção do Major-General" de* Os piratas de Penzance.

Esta é a história do grande musical moderno.

A história é bastante comprida e certos fatos podem ser discutíveis.

Começou na Grécia, onde muitos teatros eram acústicos.

A Idade Média trouxe-os de volta com a igreja e os trovadores viajantes.

Os espetáculos dos séculos XVII e XVIII eram bastante satíricos.

Enquanto a ópera era séria, os musicais eram cômicos.

As opiniões expressas podem não ter sido sempre adequadas aos imperadores.
Mas o entretenimento ganhou e eles continuaram na moda.

Com nomes como Strauss e Offenbach, eles se espalham rapidamente pelo mundo.

Então chegaram aos EUA, onde as pessoas gostavam um pouco de Vaudeville.

A história é enorme e certos fatos podem ser discutíveis.

Esta é a história do grande musical moderno.

Burlesco não vamos cobrir porque este podcast é para todas as idades.

Mas só para constar, esse estilo foi parte dos musicais durante vários anos.

Extravagâncias, pantomimas e farsas eram recebidas com aplausos.

O teatro prosperava e engordava carteiras de investidores financeiros.

A Broadway emergiu como a grande força para governar todas as áreas teatrais.

E as críticas de teatros, como as de Ziegfeld, atraíram multidões mundo afora.

Em 1919, os sindicatos fizeram uma greve para forçar seus contratos.

Os anos 1920 viram Cole Porter, Hart e Rodgers, e depois Hammerstein.

Os musicais também afundaram na Grande Depressão.

Mas os atores mudaram-se para o Oeste, em Hollywood, para o cinema, agora com som.

A história é enorme e certos fatos podem ser discutíveis.

Esta é a história do grande musical moderno.

As pessoas iam ao cinema para escapar dos pensamentos da Segunda Guerra.

Os musicais eram adorados e os discos voavam das prateleiras das lojas.

As décadas passaram e o rock logo ultrapassou o teatro musical.

Mas Sondheim veio e apresentou as pessoas aos seus espetáculos conceituais.

A tendência ressuscitou e os musicais voltaram a ser fortes como antes.

O público clamou pelas partituras épicas de Andrew Lloyd Webber.

E agora, nossos filmes favoritos transformados em musicais vão muito bem.

E a história vendeu multidões nos musicais R&B de Lin-Manuel.

Para o Episódio 100, eu inventei de fazer musicais.

Espero que tenha aprendido um pouco e que os meus versos não tenham sido tão ruins assim.

A história é enorme e certos fatos podem ser discutíveis.

Esta é a história do grande musical moderno!

VOCÊ SABIA?
Lâmpadas elétricas brancas eram usadas para iluminar a Broadway na década de 1890, dando-lhe o apelido de "A Grande Via Branca".

PARA PREGUIÇOSOS...

- Os musicais existem desde a Grécia antiga.
- O teatro e a música eram frequentemente usados como sátiras para gozar dos os que estavam no poder.
- Os musicais passam por ondas de popularidade, mais recentemente com *Hamilton* se tornando um sucesso.

TEREMIM

Você pode não ter ouvido falar do teremim, mas certamente já ouviu o som que ele faz. O uso mais comum é na música e nos efeitos sonoros de filmes de ficção científica ou de horror. É um pouco mais difícil descrevê-lo no livro, em vez de tocar o som no podcast *The Story Behind*, mas basicamente soa como o equivalente musical a isso: "Uuaaaaaaaahhhhh!" (ajudou, não é?).

O teremim pode ser um dos instrumentos mais estranhos, e ver alguém tocá-lo é como ver um feiticeiro executando um feitiço complicado ou um maestro em frente a uma orquestra invisível. Ele pode parecer uma invenção recente, mas já existe há cerca de cem anos, acredite ou não. Seu inventor, Lev Sergeyevich Termen (conhecido como Leon Theremin nos países de língua inglesa), nasceu na Rússia, em 1896.

Durante a Primeira Guerra Mundial, ele estava na faculdade estudando física e tocava violoncelo em seu tempo livre, progredindo rapidamente em seus estudos.

Quando chegou a sua hora de servir, estava tão avançado nos estudos que conseguiu evitar as linhas de frente e trabalhar como cientista e engenheiro.

Ele começou a usar campos eletromagnéticos para estudar a densidade dos gases durante a Guerra Civil Russa, que começou em 1917 e durou até 1922. A máquina que criou, um dispositivo dielétrico que funcionava como um voltímetro, fazia sons em diferentes frequências à medida que ele se movia ao redor dela. Tendo sido treinado como músico durante alguns anos, percebeu que podia fazer música movendo as mãos ligeiramente entre os dois campos eletromagnéticos em torno das duas antenas da máquina.

Com alguns ajustes e prática, usando uma mão para o tom e a outra para o volume, em 1920 ele aperfeiçoou o que ficou conhecido como o teremim, o primeiro instrumento que podia produzir som sem ser tocado.

Quando mostrou seu projeto para Vladimir Lênin, ele ficou tão impressionado que mandou Theremin e seu teremim em uma turnê pelo país para exibir o instrumento. Lênin queria espalhar a notícia do que poderia ser feito com a eletricidade, afinal uma de suas máximas favoritas era "Socialismo é poder social mais eletricidade".

Theremin foi enviado para os Estados Unidos em 1928 para estrear seu novo instrumento e, esperava-se, vendê-lo a uma empresa para produzi-lo em massa.

Quando ele chegou aos EUA, a RCA ficou interessada no instrumento e fez com que ele assinasse um contrato de cem mil dólares. O teremim estreou, mas inicialmente não se vendeu. Uma das principais razões para isso foi seu lançamento ter sido apenas dez dias antes do *crash* do mercado de ações de 1929.

Um dia, em 1938, Theremin desapareceu, deixando para trás sua esposa e seus fracassos comerciais nos Estados Unidos, só para reaparecer anos depois na Rússia, após a queda da Cortina de Ferro. As histórias sobre o motivo dele ter deixado os EUA variam. Alguns dizem que estava com saudades de casa ou que queria fugir das dívidas; outros dizem que a NKVD (a antecessora do KGB) foi responsável pelo seu rapto. De volta à Rússia, ele foi preso e encarcerado por razões ainda desconhecidas.

Ele admitiu, aos 95 anos, que lançar o instrumento tinha sido uma desculpa para ir aos Estados Unidos como parte da equipe de desenvolvimento que trabalhava em um dispositivo de vigilância soviético. Ele também admitiu que, quando o dispositivo foi instalado em um prédio do governo, tudo o que ouviu foram conversas chatas e nenhum segredo de Estado.

O teremim foi quase esquecido, até Hollywood começar a usá-lo nas trilhas sonoras de filmes de ficção científica nos anos 1950 e 1960, como *O dia em que a Terra parou, de Robert Wise,* e *Quando fala o coração*, de Alfred Hitchcock.

Depois disso, houve um ressurgimento na popularidade do instrumento, e um homem chamado Robert Moog começou a vender kits no estilo "monte seu próprio teremim". Moog é agora conhecido como o homem por trás do sintetizador Moog, mas o teremim continua a ser um dos artigos mais vendidos da empresa.

Você pode pensar que o instrumento que você ouve em "Good Vibrations" dos Beach Boys é um teremim, mas, na verdade, é um eletroteremim, uma alternativa mais fácil de tocar, criada por Bob Whitsell e tocada por Paul Tanner.

Em "Whole Lotta Love", do Led Zeppelin, Jimmy Page usa um instrumento semelhante ao teremim durante o solo, bem como durante toda a música "No Quarter".

O teremim ainda hoje é considerado um dos instrumentos mais incomuns. Em um episódio da série *The Big Bang Theory*, Sheldon Cooper é visto tocando um, que ele diz ter gostado desde que o ouviu no tema original do Star Trek. Mas isso é um equívoco comum (sim, acredite ou não, às vezes *The Big Bang Theory* erra). Esse som de teremim é, na verdade, cantado pela renomada soprano Loulie Jean Norman.

VOCÊ SABIA?

Enquanto o *crash* do mercado de ações foi definitivamente um fator para o fracasso do teremim quando ele foi lançado pela primeira vez, a RCA também fez uma propaganda enganosa sugerindo que ele era fácil de tocar. Os poucos compradores do instrumento logo descobriram que acenar com a mão sobre a caixa eletromagnética para produzir música literalmente do nada era mais difícil do que o prometido.

PARA PREGUIÇOSOS...

- Leon Theremin estava na Rússia, em 1920, estudando campos eletromagnéticos quando inventou o seu instrumento, o teremim.
- Lênin enviou Theremin aos Estados Unidos sob o pretexto de promover sua invenção, quando, na realidade, ele foi enviado em uma missão para esconder dispositivos de vigilância em edifícios do governo.
- Às vezes, *The Big Bang Theory* engana-se em fatos nerds.

PARTE SETE

POR AÍ

HIDRANTE

Desde que existe fogo, também existe a necessidade de apagá-lo. Durante anos, os bombeiros utilizaram brigadas com balde, movendo baldes de água de um lago ou riacho próximo para a fonte do incêndio. Durante os anos 1600, em Londres, troncos ocos eram usados como canos, e os bombeiros cavavam buracos para chegar à fonte, tapando-os quando a água não era mais necessária.

Quando um incêndio destruiu três quartos de Londres, em 1666, a cidade começou a colocar furos e tampões no seu sistema de água, e os mantiveram acima do solo. Logo, os tubos de ferro fundido começaram a substituir os de madeira nos sistemas de água das grandes cidades.

A maioria das referências históricas lista Frederick Graff como o inventor do hidrante acima do solo – aquele que somos mais familiarizados atualmente –, apesar da patente para sua invenção não poder ser verificada porque, numa reviravolta irônica, o escritório de patentes dos EUA pegou fogo em 1836.

O carpinteiro-engenheiro foi fundamental na criação do primeiro sistema de água da Filadélfia, que incluiu os hidrantes em forma de pilares para facilitar o acesso dos bombeiros à água. Embora seu sistema inicial tenha sido considerado inadequado, com o passar dos anos ele continuou tentando aperfeiçoá-lo, finalmente conseguindo em 1822.

Enquanto hoje reconhecemos os hidrantes como sendo feitos de metal, os primeiros eram tubos de metal revestidos de madeira com uma válvula no fundo e uma saída na lateral. Um desafio comum para os hidrantes iniciais era impedir que a água congelasse durante os meses mais frios. Os trabalhadores tentavam isolar os tubos com serragem ou estrume, mas isso não se mostrou muito eficaz.

Finalmente, foi feito um ajuste da localização da válvula dentro do hidrante, para inseri-la abaixo do nível do solo de forma a permitir que a câmara, acima da válvula, se esvaziasse no final de cada utilização. A porca para ligar a válvula é normalmente vista no topo do hidrante. Isso é conhecido como um hidrante de barril seco, enquanto em áreas onde o congelamento não é provável, a água está sempre fluindo pelo hidrante, estes são conhecidos como hidrantes de barril úmido.

Se você já se perguntou por que alguns hidrantes são vermelhos e outros amarelos, essa não é uma escolha estética; na verdade, é uma maneira de diferenciar a pressão da água que flui através dele. A pressão varia de 500 galões por minuto a mais de 1500. Quanto mais densamente povoada for a área, maior pressão será necessária, já que um incêndio se espalharia mais rapidamente e, numa cidade movimentada, os bombeiros poderiam demorar mais tempo para chegar até o local pegando fogo.

As cores variam de acordo com a cidade e a localização; no entanto, um sistema comum de cores é que os hidrantes amarelos estão ligados ao abastecimento público de água das cidades e o vermelho é usado para áreas mais rurais ou operações especiais. Se você vir um hidrante roxo, muito provavelmente significa que a água vem de um lago ou riacho próximo e é considerada não potável. Os azuis e o verdes são normalmente utilizados nas áreas metropolitanas.

Se o fluxo de um hidrante não for suficientemente alto, o sistema pode aspirar água do solo, podendo estar poluída e sem tratamento, o que levaria a população a ter que ferver a água.

VOCÊ SABIA?

O bombeiro George Smith instalou o primeiro hidrante em Nova York em 1817, num local bastante conveniente para ele: bem em frente à sua casa.

PARA PREGUIÇOSOS...

- Antes dos hidrantes, brigadas com balde eram utilizadas pelos bombeiros para fornecer água para apagar incêndios.
- A patente do primeiro hidrante não pode ser verificada, porque o escritório de patentes dos EUA pegou fogo em 1836.
- As diferentes cores que você vê nos hidrantes americanos referem-se à pressão da água, medida em galões por minuto.

MÁSCARAS DE GÁS

A máscara de gás é provavelmente mais conhecida pelo seu uso durante a Primeira Guerra Mundial, no combate aos ataques de gás mostarda. Mas elas existem há muito mais tempo, embora normalmente fossem usadas para proteger o utilizador de odores e fumaças desagradáveis. Uma das primeiras máscaras conhecidas para proteger o nariz e a boca dos vapores eram simples esponjas Marinhas, usadas na Grécia antiga.

Em *The Book of Ingenious Devices,* escrito em 850 d.C., três irmãos que viviam no Iraque, conhecidos como os Banu Musa, listaram a sua invenção: uma máscara que trabalhadores usavam em poços poluídos.

A máscara com bico é considerada outra versão inicial de uma máscara de gás. Antes da medicina moderna e da descoberta dos germes, os médicos acreditavam que a doença era causada pelo ar nocivo e ruim, que era conhecido como miasma.

Essa máscara agora está associada à imagem dos médicos da época da Peste Negra. No entanto, a verdadeira máscara de bico foi criada trezentos anos depois dessa época.

O dr. de Lorme, que foi o médico chefe de Luís XIII, desenhou a máscara no século XVII. Ela também foi relacionada ao que é considerado um dos primeiros trajes de descontaminação, uma vez que o sobretudo de couro que acompanhava o traje era colocado por baixo da máscara, e as suas calças, luvas e botas deixavam muita pouca coisa exposta.

A razão para o bico era para ele enfiar flores secas e ervas no interior, como uma forma de respirar um ar mais agradável e cheiroso enquanto trabalhava em pacientes num tempo em que tomar banho não era muito comum.

Outra máscara começou a seguir uma linha do tempo paralela à máscara de gás no início do século XIX: a máscara de mergulho. Enquanto as de gás foram criadas como uma forma de purificar o ar para o utilizador, a máscara de mergulho foi usada para permanecer embaixo da água, e o oxigênio era bombeado para o aparelho de respiração através de um tubo. Mas algumas máscaras de gás pegaram esse desenho emprestado, especialmente para situações em que o ar estava contaminado e era necessário um respirador.

A primeira patente americana de um respirador purificador de ar foi dada a Lewis P. Haslett, em 1849, para um dispositivo que era capaz de filtrar a poeira do ar. Alguns anos depois, o químico escocês John Stenhouse usou um filtro feito de carvão vegetal, que ainda hoje é comum como forma de filtrar o ar, bem como a água.

Uma máscara notável foi desenvolvida por Garrett Morgan, que também é mencionado em nosso capítulo sobre o semáforo.

Morgan virou notícia nacional quando usou sua máscara de gás e seu capuz de segurança para resgatar 32 homens presos devido uma explosão em um túnel subterrâneo em 1914. No mesmo ano, o gás mostarda e um irritante pulmonar, clorossulfato de dianisidina, foram usados pelos alemães na Primeira Guerra Mundial, ignorando os tratados internacionais assinados anos antes contra o uso de veneno e armas venenosas na guerra.

O design de Morgan é creditado como base para as máscaras de gás do Exército utilizadas durante a Primeira Guerra, que incluía um capuz para proteger também o rosto e os olhos. Antes disso, os soldados usavam no rosto trapos embebidos em urina.

No ano seguinte, centenas de soldados aliados morreram depois que os alemães usaram gás clorídrico durante a Batalha de Ypres. Um pesquisador e médico escocês chamado John Scott Haldane foi encarregado de descobrir exatamente que tipo de gás era usado. Ele o fez examinando o efeito que o gás tinha nos botões de metal usados pelos soldados aliados.

Como o seu laboratório fazia parte da sua casa, ele queria ter certeza de que a sua família estava a salvo das suas experiências. Encarregou sua filha adolescente, Naomi, de ficar do lado de fora da porta do seu laboratório e assistir pela janela. Caso algum dos pesquisadores ficasse incapacitado, Naomi deveria correr e resgatá-los o mais rápido que pudesse para ressuscitá-los.

Quando Haldane foi capaz de identificar o gás clorídrico, ele desenvolveu um respirador que usava algodão e gaze embebidos em uma solução que neutralizava as baixas concentrações do gás. A sua contribuição, na qual mais tarde foi acrescentado um tanque respirador, foi o início das modernas máscaras respiratórias.

Mas, se você quiser olhar para a história da ficção científica, todos nós sabemos que o respirador foi mais infamemente usado há muito tempo, em uma galáxia distante, por um certo Senhor dos Sith.

Para aqueles que procuram montar um kit de sobrevivência para ataques nucleares, dois tipos de máscaras de gás são recomendados. Um que seja aprovado pela NBC, que significa proteção contra gases nucleares, biológicos e químicos, e outro que seja aprovado para CBRN, que é o mesmo que NBC, mas também inclui a radiação.

Um elemento-chave na seleção de uma máscara de gás é certificar-se de que o ajuste seja apertado e crie uma vedação hermética ao redor do rosto. Barbas são consideradas um obstáculo para as máscaras de gás, porque podem romper a vedação. Algumas máscaras disponíveis comercialmente até vêm com um dispositivo para beber por meio delas.

VOCÊ SABIA?

As máscaras de gás não são concebidas para se usar por longo prazo. O filtro precisa ser trocado a cada três ou quatro horas.

PARA PREGUIÇOSOS...

- A primeira máscara conhecida para proteger o utilizador de fumaças nocivas foi uma esponja usada na Grécia antiga.
- A máscara de bico, comumente conhecida como parte do traje de combate à peste, foi na verdade criada trezentos anos após a praga da Peste Negra.
- Ao comprar uma máscara de gás, certifique-se de que ela se adapte ao seu rosto, e tenha cuidado com pelos faciais grandes demais, que podem atrapalhar uma vedação adequada.

CHAPELEIRO MALUCO

A maioria das pessoas conhece o mercúrio como uma substância tóxica, mas, ao longo do século XX, o composto químico nitrato de mercúrio foi usado na indústria de chapelaria. O nitrato de mercúrio tornava os pelos macios e flexíveis para que pudessem ser prensados facilmente na fabricação do feltro. Esse processo foi mantido em segredo pelos franceses até a família Huguenote ser obrigada a fugir da França nos anos 1600. Quando foram para Inglaterra, compartilharam o segredo e este se espalhou.

Isso ficou conhecido como efeito cenoura, um processo que transformava peles brancas de coelho em uma cor laranja avermelhada.

O mercúrio era usado para tratar uma série de problemas médicos, incluindo sífilis. Os médicos estavam tratando pacientes com uma pomada de mercúrio e eles exibiam sintomas de salivação excessiva e gengivite, além de sintomas psiquiátricos como timidez, perda de autoconfiança, ansiedade, medo do ridículo e uma explosiva mudança de humor. A sífilis e o seu tratamento foram descritos no século XVIII como "uma noite com Vênus" sendo seguida por "uma vida com Mercúrio".

No século XVIII, devido à fraca ventilação nas fábricas de chapéus e à exposição prolongada ao nitrato de mercúrio, alguns trabalhadores começaram a apresentar sintomas semelhantes: ansiedade, depressão, irritabilidade, perda de coordenação, fala arrastada e tremores, que ficaram conhecidos como "tremores dos chapeleiros".

Danbury, Connecticut, era conhecida em todo o mundo como a Cidade do Chapéu, por causa do número de chapéus fabricados lá, e até originou o termo "tremores de Danbury" para o sintoma. O conselho de saúde sabia do problema, mas não fez muito para parar o uso do mercúrio porque não estava afetando ninguém na cidade, a não ser os trabalhadores das chapelarias.

A frase "louco como um chapeleiro" também se tornou parte do discurso cotidiano para descrever alguém exibindo sintomas semelhantes aos do envenenamento por mercúrio.

Um nome famoso que se acredita ter sofrido com isso foi Boston Corbett, um trabalhador da indústria de chapéus, responsável por liderar o regimento da Cavalaria de Nova York para localizar John Wilkes Booth após o assassinato de Abraham Lincoln. Corbett desobedeceu às ordens para capturar Booth e, em vez disso, disparou matando-o. Corbett foi inocentado e declarado herói por muitos, mas, anos depois, foi colocado num manicômio depois de sacar uma arma e ameaçar um grupo de pessoas no capitólio de Kansas. Ele conseguiu escapar do hospício, desapareceu, e nunca mais foi visto.

Só nos anos 1940 que o uso de mercúrio na fabricação de chapéus foi finalmente proibido nos Estados Unidos.

Pode parecer que faz todo o sentido usar essa doença comum para explicar as peculiaridades do personagem do Chapeleiro Maluco em *Alice no País das Maravilhas,* de Lewis Carroll, mas a repetição dessa teoria levou muitos a acreditarem que ela era verdade quando, de fato, a real inspiração para o personagem não era um envenenamento por mercúrio, nem mesmo um chapeleiro.

Johnny Depp descreveu sua versão do Chapeleiro Maluco, no filme *Alice no País das Maravilhas* de 2010, como uma vítima de envenenamento por mercúrio, incluindo o efeito cenoura que você vê em seus cabelos e sobrancelhas, quando disse: "Acho que ele foi envenenado – muito, muito envenenado. E eu acho que afetou todos os seus nervos. Saía pelos cabelos, pelas unhas, pelos olhos."

Mas a representação no filme e a análise do personagem de Johnny Depp podem ter sido um pouco diferentes do personagem original de Lewis Carroll. Lembra-se quando eu disse que um dos traços do envenenamento por mercúrio era a timidez e a ansiedade? O personagem do Chapeleiro Maluco, tanto no livro quanto o que foi retratado por Depp, era extremamente extrovertido. O Chapeleiro Maluco de Carroll não foi descrito como sofrendo de tremores, apesar de constantemente verificar seu relógio e sacudi-lo. Isto era mais para mostrar a sua obsessão com o tempo, explicada no livro como sendo resultado da interrupção de sua canção pela Rainha de Copas, exclamando: "Ele está matando o tempo! Cortem-lhe a cabeça!"

Na verdade, muitos estudiosos acreditam que o Chapeleiro Maluco era baseado em um porteiro e marceneiro excêntrico chamado Theophilus Carter, de Oxford, Inglaterra. Carter era conhecido por usar uma grande cartola quando estava do lado de fora de sua loja, e os locais começaram a referir-se a ele como "Chapeleiro Maluco".

Carter ficou conhecido pela invenção de um alarme, que tirava o dorminhoco da cama na hora designada. Essa invenção foi exibida na Grande Exposição no Hyde Park em 1851, na verdade, duas versões diferentes foram exibidas. Nenhuma delas foi creditada a Carter, mas a ideia foi de alguma forma atribuída a ele ao longo dos anos.

Carroll, cujo verdadeiro nome era Charles Lutwidge Dodgson, teria tido conhecimento de Carter e das suas excentricidades. Carroll negou que qualquer um de seus personagens fosse baseado em pessoas reais, embora muitos acreditem que Alice seja baseada em Alice Liddell, de sete anos, que uma vez viajou no mesmo navio que o autor. A embarcação estava viajando para Oxford, onde Carter morava e trabalhava, o que significa que ele teria se encontrado ou pelo menos ouvido falar desse homem.

Quando uma fotografia de Carter foi descoberta, os estudiosos a compararam com as ilustrações dos livros originais, desenhadas por sir John Tenniel, e notaram o mesmo queixo recuado e nariz comprido, incorporando a crença de que Carroll tinha baseado seu personagem em Carter, mas talvez nunca saibamos a verdade.

VOCÊ SABIA?

A frase "louco como um chapeleiro" é anterior ao livro de Carroll.

Uma teoria é que ela veio de um excêntrico, conhecido como John Hatter, no século XVII. Outra teoria é de que um fabricante de chapéus do mesmo século, chamado Robert Crab, de Chesham, Inglaterra, teria sido o Chapeleiro Maluco original; ele era conhecido pelas suas ilusões religiosas. Após uma ferida na cabeça, sofrida durante a Guerra Civil Inglesa, proclamou-se profeta, doou os seus bens aos pobres e passou a viver nas docas.

PARA PREGUIÇOSOS...

- Desde os anos 1600 até o século XX, a maioria das pessoas não sabia dos perigos do mercúrio. Ele era usado até mesmo para tratamentos médicos, incluindo o da sífilis.
- Só nos anos 1940 é que os fabricantes de chapéus finalmente deixaram de usar mercúrio no seu processo.
- Podemos nunca ter a certeza, mas o Chapeleiro Maluco de Lewis Carroll pode não ter sido baseado num chapeleiro que era louco por causa do mercúrio, mas sim em um excêntrico conhecido por Carroll que era famoso por usar uma cartola alta.

SMILEY

Este capítulo é baseado num episódio do podcast The Story Behind *que fez parte de uma série baseada em referências à cultura pop no filme* Forrest Gump.

Em 1963, Harvey Ross Ball, um designer gráfico que trabalhava na State Mutual Life Assurance Company, desenhou o icônico rosto sorridente quando foi encarregado de criar um incentivo moral para a companhia de seguros que trabalhava em Worcester, Massachusetts. Ele levou dez minutos para criar o rosto, que originalmente começou com apenas um sorriso, mas, como uma reflexão posterior, ele acrescentou os olhos para que não pudesse se transformar em uma careta ao virarem a imagem. Ele recebeu 45 dólares pelo seu trabalho. Parece um sonho, não parece? 45 dólares por apenas dez minutos de trabalho? Mas imagine quanto dinheiro ele receberia pelo design a longo prazo.

Logo, o rosto sorridente começou a adornar cartazes, botões e placas. Mas nem Ball nem a State Mutual Life registraram o desenho, o que logo atraiu Bernard e Murray Spain, proprietários de duas lojas Hallmark. Foram os irmãos Spain que acrescentaram a frase *Have a happy day*, ou "Tenha um dia feliz", que mais tarde passou a ser *Have a nice day*, "Tenha um bom dia", e registraram os direitos autorais do design. Eles são creditados por ajudarem a melhorar o humor dos Estados Unidos, com seu slogan alegre, após a Guerra do Vietnã.

Os EUA não eram o único lugar onde o rosto sorridente era visto. Na França, em 1972, Franklin Loufrani começou a usar o símbolo na publicação *France Soir* para marcar uma boa notícia. Ele registrou o que chamou de "Smiley" e começou a comercializar estampas para camisetas em mais de cem países. A Smiley Company é dirigida por seu filho, Nicolas, e é uma das maiores empresas de licenciamento do mundo.

Você pode imaginar que, com a imagem do rosto sorridente presente em todo o mundo, a reivindicação de sua criação já deve ter sido discutida várias vezes. Os irmãos Spain reconheceram o design original de Ball; no entanto, quando creditados como inventores, eles não se apressaram em corrigir ninguém.

Nicolas Loufrani argumentou que o desenho é tão simples, que não poderia haver provas de quem era o criador. Ele até se referiu a representações de arte rupestre de rostos sorridentes, que datam de 2500 a.C, no site da empresa.

Mas isso não impediu a Smiley Company de tentar registrar o símbolo em 1997. Você consegue adivinhar qual empresa tentou detê-los? Walmart. A Walmart tem usado o rosto sorridente como parte da marca da empresa desde 1996. O caso foi resolvido fora do tribunal, mas não antes de ambas as empresas perderem muitos custos judiciais, para não falar de dez anos, nessa disputa.

A origem desconhecida do rosto sorridente foi provavelmente o que levou os roteiristas de *Forrest Gump* a incorporar aquela pequena menção à popularidade do logotipo no filme; mas, um ano antes de estrear, um morador de Seattle chamado David Stern concorreu a prefeito, afirmando em anúncios de campanha que ele era o inventor do rosto sorridente. O jornal local, o *Seattle Post-Intelligencer*, foi capaz de identificar o blefe. Ele perdeu a eleição independentemente disso.

Parecia que o rosto sorridente estava em todo o lado, e para Harvey Ball, tinha perdido todo o sentido. Em 1999, Ball criou o World Smile

Corporation e o Dia Mundial Smile, que é realizado na primeira sexta-feira de outubro para angariar fundos para a Harvey Ball World Smile Foundation, que apoia instituições de caridade e várias causas infantis. Ball morreu com 79 anos, em 2001, e a empresa para a qual ele criou o rosto sorridente, agora chamada Worcester Mutual Fire Insurance, ainda usa o desenho dele em seus materiais promocionais.

:)

VOCÊ SABIA?

O smiley pode ser visto em um anúncio do *New York Herald Tribune* para o filme *Lili,* de 1953, levando muitos a considerarem esta a sua primeira aparição, mesmo antes do design de Ball.

PARA PREGUIÇOSOS...

- Harvey Ball desenhou o rosto sorridente para uma seguradora onde trabalhava e recebeu 45 dólares por isso.
- Muitos tentaram capitalizar o design simples e cativante, incluindo David Stern, que concorreu para prefeito de Seattle com a reivindicação de que ele o havia inventado.
- O Dia Mundial Smile, criado por Ball, é realizado na primeira sexta-feira de outubro.

SEMÁFORO

Já sentiu como se o mundo conspirasse contra você quando fica preso em um sinal vermelho? Pode parecer um inconveniente que aumenta em alguns minutos o seu trajeto. Mas, antes de os semáforos serem tão comuns como são hoje, o número de carros, bondes, bicicletas e pedestres tornava a circulação nas cidades mais perigosa e ainda mais lenta.

Vamos voltar um pouco.

Quando os automóveis apareceram pela primeira vez, no século XIX, demorou um tempo para que eles virassem moda. Na verdade, quando o Ford Modelo T foi introduzido em 1908, apenas vinte por cento das estradas dos EUA eram pavimentadas. Os carros não se popularizaram como os fabricantes de automóveis esperavam, especialmente porque muitas das regras da estrada que conhecemos hoje não existiam.

Foi relatado que, nos primeiros seis meses de 1906, mais americanos foram mortos por motoristas do que pelos espanhóis na Guerra Hispano-Americana.

Alguns estados aprovaram leis num esforço para reduzir o número de acidentes, tais como Vermont exigindo que cada motorista tivesse uma pessoa andando à frente de um veículo em movimento com uma bandeira vermelha. Outros tomaram a iniciativa de mostrar seu ódio aos motoristas, criando barreiras de madeira nas estradas, espalhando vidros pelas ruas ou até mesmo cavando valas.

Mas dirigir oferecia uma forma mais rápida e eficiente para as pessoas se deslocarem. Assim, em 1908, quando Henry Ford introduziu o Modelo T e, com isso, novas técnicas de produção em massa, os carros tornaram-se mais comuns. Logo, os acidentes de automóvel também.

À medida que mais carroças e carruagens puxadas por cavalos foram sendo trocadas por carros novos em folha, o número de acidentes aumentou, especialmente porque muitas regras da estrada ainda não haviam sido estabelecidas. Existiam poucos sistemas de orientação de tráfego em todo o mundo, como um do lado de fora da Câmara do Parlamento em Londres, em 1868. Este tinha dois braços que alternadamente subiam e desciam, um onde se lia "atenção" e no outro "pare", semelhante ao sinal de cruzamento de trilhos que se vê hoje. À noite, o sinal usava lâmpadas de gás vermelhas e verdes, mas essas lâmpadas explodiram um mês depois de serem instaladas, matando o policial que as operava.

Em 1912, em Salt Lake City, Utah, um policial chamado Lester Wire criou uma caixa conectada a um carrinho e fios de luz para uma sinalização com luzes vermelhas e verdes. O primeiro sinal de tráfego elétrico foi baseado em um projeto de James Hoge e instalado em Cleveland, Ohio, em 1914. Foi operado de dentro de uma cabine de controle e está registrado como o primeiro semáforo elétrico.

Mesmo em Nova York, que é conhecida por seu congestionamento de trânsito, diz-se que dirigir da 57th Street até a 34th Street poderia levar quarenta minutos no início dos anos 1900. Isso era irritante não apenas para os motoristas, mas também para as empresas. Felizmente, em 1920, o dr. John A. Harriss projetou um simples sinal de duas luzes, que era controlado manualmente por um policial, e a viagem de 23 quarteirões passou de quarenta minutos para nove minutos.

O projeto deu certo e, dois anos depois, um arquiteto chamado Joseph Freedlander foi encarregado de projetar um conjunto ornamentado de sinais para cruzamentos ao longo da Quinta Avenida, que apresentava no topo uma estátua de Mercúrio em latão, o deus grego dos viajantes.

Mas o inventor do semáforo de três sinais, como estamos familiarizados hoje, chamava-se Garrett Morgan.

Garrett Morgan nasceu em 1877. Ele foi um dos onze filhos de Sydney e Elizabeth Morgan, que eram ex-escravizados de Kentucky. Seu nível educacional não passou do ensino fundamental, mas ele pagou por tutorias assim que começou a trabalhar. Mudou-se para Ohio e aceitou um trabalho como reparador de máquinas de costura. Ele teve tanto sucesso que abriu o seu próprio negócio de conserto.

Antes de sua contribuição para a história dos semáforos, patenteou uma série de outras invenções, incluindo um alisador químico de cabelo que ele criou a partir de sua busca por algo que evitasse que a lã fosse queimada quando colocada em máquinas de costura. Ele também patenteou um capuz de segurança para respirar sob fumaça, que se tornou um precursor das máscaras de gás modernas (também mencionado no capítulo Máscara de Gás).

Morgan foi o primeiro homem negro em Cleveland a ter um carro. Na época, as ruas de Cleveland eram estreitas, e os sinais de trânsito só alternavam entre "pare" e "siga", deixando aos motoristas e pedestres pouco tempo para reagir a fim de evitar uma colisão. Quando Morgan testemunhou um acidente entre duas carruagens, teve a ideia de criar um terceiro sinal, como aviso para pedestres e motoristas.

Assim, nasceu o semáforo de três sinais. Ele recebeu a patente em 1923 pelo seu desenho em forma de T, que depois vendeu à General Electric.

Se alguma vez se perguntou por que o vermelho e o verde são usados para sinalizar o "pare" e "siga", há duas teorias.

Uma delas é que as luzes vermelhas e verdes nos equipamentos já eram comuns. O vermelho indicava que a máquina estava parada e o verde indicava que a máquina estava em funcionamento.

A outra teoria é que o vermelho tem o maior comprimento de onda do que qualquer cor no espectro visível, o que significa que é mais fácil de ver a distância, dando-lhe mais tempo para diminuir a velocidade até parar.

O verde foi originalmente usado nas luzes das estradas de ferro para indicar precaução, mas como o comprimento de onda da cor é mais curto do que o do vermelho e do amarelo (por isso fica mais difusa), parece branco a distância, o que fazia com que os engenheiros confundissem a luz verde com uma estrela branca ao longe, até que era tarde demais.

A luz amarela é quase tão fácil de ver quanto a vermelha, razão pela qual a cor é usada em muitos sinais de alerta, como zonas escolares ou faixa de pedestres.

VOCÊ SABIA?

Originalmente, o lado do condutor era o lado direito do automóvel, como em muitas carruagens puxadas por cavalos. Isso ajudava os condutores a evitar as valas ao longo da estrada. Quando Henry Ford começou a produzir seus carros, ele moveu o volante para o lado esquerdo para que os motoristas pudessem ver melhor o tráfego em sentido contrário.

PARA PREGUIÇOSOS...

- Quando o Ford Modelo T foi introduzido em 1908, apenas vinte por cento das estradas dos EUA eram pavimentadas.
- No início do século XIX, podia demorar até quarenta minutos para conduzir da 57th Street até a 34th Street em Nova York, devido à falta de sinais de trânsito.
- Garrett Morgan, filho de dois ex-escravizados, inventou o semáforo de três sinais que conhecemos hoje, assim como um alisador químico de cabelo e o predecessor da máscara de gás, entre outras coisas.

LIMPADORES DE PARA-BRISA

Como qualquer pessoa com um carro deve saber, sem limpadores de para-brisa que funcionem, pode ser muito perigoso tentar dirigir sob um temporal. Acredite ou não, uma das primeiras patentes para tal mecanismo foi concedida a uma mulher que recebeu várias cartas de rejeição dos fabricantes de automóveis por sua ideia.

O nome dela era Mary Anderson. Ela estava visitando a cidade de Nova York vinda do Alabama e andando de bonde durante uma tempestade de neve. Normalmente, quando os condutores encontram mau tempo, eles abriam a janela para remover quaisquer detritos à mão ou paravam o veículo e o removiam manualmente. Ambos os métodos significavam que os passageiros recebiam lufadas de ar frio e intempéries, e isso resultava em atrasos.

Anderson teve a ideia, enquanto observava o motorista do seu bonde continuamente parar o veículo e remover o granizo à mão, de criar um mecanismo que pudesse ser controlado de dentro do carro para remover tais detritos. (Outra versão da história cita um motorista abrindo sua janela lateral e colocando a cabeça para fora para tentar ver melhor).

Naquele mesmo dia, ela começou a desenhar um mecanismo feito de madeira e borracha que os motoristas poderiam usar acionando uma alavanca, removendo granizo e água da chuva. Ela também projetou seu limpador de para-brisa para ser removido durante os meses em que a neve e o granizo não fossem um problema tão grande.

Ela patenteou a ideia em 1903 e começou a tentar comercializá-la para os primeiros fabricantes de automóveis.

Atualmente, o limpador de para-brisa é onipresente em quase todos os automóveis em circulação. No entanto, a ideia de Anderson foi recebida com risos de colegas e argumentos de que o movimento do braço iria distrair o condutor. Os fabricantes de automóveis responderam a Anderson, dizendo que não conseguiam encontrar o valor comercial de tal produto.

Alguns anos depois, em 1916, um morador de Buffalo, Nova York, chamado John Oishei, bateu num ciclista enquanto conduzia o seu automóvel sob chuva. O ciclista saiu ileso, mas o acidente abalou tanto Oishei que ele sabia que deveria haver uma maneira mais segura para os motoristas enxergarem na chuva.

Naquela época, outras formas de limpadores de borracha já estavam no mercado, embora ainda não fossem populares. Quando Oishei se deparou com uma empresa de limpadores de comando manual, conhecida como Rain Rubber, ele fundou uma companhia para comercializá-la.

O aparelho era um pouco trabalhoso e exigia que o motorista fosse capaz de remover manualmente os detritos com uma mão, enquanto a outra ainda era responsável pela direção e deslocamento do carro, mas ainda assim encontrou seu mercado.

A história, no entanto, não acaba aí. Uma atriz *vaudeville* chamada Charlotte Bridgwood, conhecida por seu nome artístico Lotta Lawrence, continuou de onde Anderson parou e patenteou um sistema de limpador de para-brisa elétrico que usava rolos em vez de lâminas e era movido pelo motor do carro.

No entanto, nem Anderson nem Bridgwood receberam crédito ou qualquer dinheiro pelas suas contribuições.

Em algumas versões da história dos limpadores de para-brisa, foi a filha de Bridgwood, Florence Lawrence, que inventou os limpadores elétricos e pediu à sua mãe que a ajudasse a obter a patente.

Os limpadores de para-brisa finalmente encontraram o seu lugar nos automóveis em 1913, quando a Ford começou a adicioná-los ao Modelo T, e a Cadillac tornou-os itens de série nos seus veículos em 1922.

VOCÊ SABIA?

Florence Lawrence é conhecida como "a primeira estrela do cinema", e quando conseguiu pagar seu primeiro automóvel, dedicou-se a aprender tudo sobre ele e como funcionava. Ela foi uma das primeiras a criar a sinalização de curva, com o uso de um botão para levantar uma bandeira na traseira do carro, indicando em que direção ele iria virar.

Ela também criou um mecanismo semelhante a um alerta de freio. Ele era implantado para que um pequeno sinal de parada aparecesse na traseira do carro a fim de avisar aos motoristas, que estavam atrás dela, quando ela estava freando.

Semelhantemente a Anderson e Bridgwood, a ideia de sinalização de Lawrence foi copiada com frequência e comercializada por outros, levando Lawrence a não receber nenhuma compensação por isso.

PARA PREGUIÇOSOS...

- Antes dos limpadores de para-brisa, os condutores tinham que enfiar a cabeça pela janela para enxergar sob um temporal ou parar o veículo e remover os detritos à mão.
- Muitos tiveram ideias semelhantes para os para-brisas, mas o conceito não interessou os fabricantes de automóveis, enquanto outros receavam que os limpadores pudessem criar uma distração para os condutores.
- Florence Lawrence não é apenas conhecida como "a" primeira estrela do cinema, como também criou uma sinalização de curva e um mecanismo de alerta de freio. Ela pode também estar por trás da primeira ideia do para-brisa elétrico.

PARTE OITO

NA TECNOLOGIA

IDENTIFICADOR DE CHAMADAS

Sentem-se, crianças. Esta história começa um pouco assustadora, por isso segurem firme sua pipoca e a mão do amiguinho enquanto eu conto para vocês.

Em um tempo em que nem todo mundo carregava seu próprio telefone no bolso o tempo todo, casas inteiras compartilhavam apenas um aparelho. Sim, isso significava que todos na família tinham o mesmo número.

Muitos desses telefones ficavam presos à parede (acreditem ou não, crianças). Antes do objeto deste capítulo ser introduzido em todo o país, quando um telefone tocava, você não tinha ideia de quem estava do outro lado. Era uma aposta constante. Podia ser um membro da família ou um amigo para uma conversa (ufa!), ou podia ser... telemarketing! Atualmente, a maioria das pessoas que conheço não atende chamadas de números que não conhece, mas, naquele momento, não tínhamos como ver o número de telefone da pessoa que estava do outro lado daquela chamada. Para os maliciosos, era um tempo maravilhoso, quando trotes eram considerados um passatempo divertido. Telespectadores das primeiras temporadas de *Os Simpsons* provavelmente lembram-se dos muitos trotes que Bart passava para o Bar do Moe.

Quando era pequena, e o telefone tocava, eu fazia papel de mordomo. Eu tinha um roteiro para seguir. Embora fosse raro que um telefonema fosse para mim, eu corria para o aparelho, antes de saber que muitas ligações eram como o spam das telecomunicações.

"Olá, aqui é a Emily, quem está falando?" Ainda tremo quando penso nessas palavras. Felizmente, os anos 1990 sorriram para a minha geração e o identificador de chamadas tornou-se comum nos lares, embora muitos ficassem desapontados com a ideia de não passar mais trotes, a não ser que soubessem o código secreto para digitar antes do número telefônico (nos Estados Unidos, o código era *67, a propósito – não que eu tenha decorado, porque nunca passei trotes... Imagine...).

Em um tempo com mensagens de texto, mensagens privadas em plataformas de mídia social e e-mail, chamadas telefônicas estão se tornando cada vez menos comuns. Mas, antes de tudo isso, tínhamos a Identificação de Chamada.

A tecnologia por trás dela foi desenvolvida por Theodore George Paraskevakos, em 1968. Quando ele desenvolveu um transmissor e receptor com a capacidade de reconhecer números de telefone de chamadas recebidas, as companhias telefônicas foram em cima da tecnologia. Originalmente, elas queriam capitalizá-la, cobrando aos clientes uma taxa por uso e dando aos usuários um anúncio de voz para cada nova chamada.

A dra. Shirley Ann Jackson, a primeira afro-americana a obter o doutorado pelo Massachusetts Institute of Technology, também contribuiu para com o identificador de chamada, criando a tecnologia utilizada, não apenas nele, mas também nas chamadas em espera e no fax portátil.

Contudo, John Harris teve a ideia de incorporar uma tela na unidade telefônica para exibir o número da pessoa que estava fazendo a ligação. Ele trabalhou com Kazuo Hashimoto para construir o protótipo. Os usuários teriam que programar os nomes associados a números familiares à mão, mas ainda assim era um passo na direção certa. Originalmente, a ideia era para ser utilizada em áreas residenciais, com o uso empresarial como aplicação secundária.

Harris também desenvolveu a tecnologia para mudar o toque baseado em quem estava ligando, e até mesmo silenciar o toque quando alguém que você estivesse ignorando ligasse. Ele até adicionou um recurso para fazer o telefone tocar em uma determinada hora, como um alarme.

Logo, as companhias telefônicas embarcaram na tecnologia e, utilizando listas, o identificador de chamadas poderia exibir o nome associado a esse número, mesmo que não estivesse pré-programado no telefone ou na caixa de identificação de chamadas. O identificador de chamadas começou a aparecer nos lares em 1984.

Quando a chamada em espera foi introduzida em 1995, o identificador de chamadas se tornou ainda mais útil para determinar se a chamada em que se estava era mais ou menos importante do que a nova que estava sendo recebida.

Agora que muitas pessoas usam telefones celulares como sua principal forma de comunicação, os aparelhos residenciais caíram em desuso, o que significa que os números de telefone listados também caíram.

Alguns sistemas avançados de identificação de chamadas podem exibir o nome da pessoa associada a um número de celular sem que ele esteja registrado na agenda, embora a maioria das chamadas de celular para celular não use essa tecnologia com tanta frequência. Ainda programamos nomes e números nos nossos celulares, embora seja muito mais fácil do que era quando Harris introduziu a tecnologia originalmente. Naquela época, era preciso usar as letras associadas às teclas numéricas para registrar um nome (pense em como era digitar mensagens de texto em seu Nokia antigo no início dos anos 2000).

Atualmente, há alguns aplicativos que podem detectar potenciais chamadas de spam. É fascinante pensar que, neste capítulo, voltamos a um tempo antes do identificador de chamadas, em que era comum enviar uma mensagem de texto a alguém e receber em resposta: "Novo telefone, quem é?".

VOCÊ SABIA?

Caller ID é um nome de marca, embora seja tratado, na sua maioria, como nome genérico do aparelho.

PARA PREGUIÇOSOS...

- Antes do identificador de chamadas, as pessoas só pegavam o telefone quando ele tocava, sem sequer saber quem estava do outro lado!
- No início, as companhias telefônicas queriam usar (e cobrar) a tecnologia por chamada. Felizmente, foram introduzidos no mercado telefones com displays e também unidades de exibição que podiam ser conectadas a telefones residenciais.
- Agora que os celulares são mais comuns que os telefones fixos, os números de telefone não são tão frequentemente listados em diretórios, o que significa que o identificador de chamadas não é tão eficaz quanto era antes.

COLETE KEVLAR

É um equívoco comum achar que exista uma coisa como um colete à prova de balas. Assim como nunca haverá um verdadeiro limpador multifuncional ou a cura mais eficiente para o resfriado comum, a maioria dos coletes só pode ser eficaz contra certos tipos de munição, mas nenhum deles será eficaz contra todas.

No entanto, isso não impediu os inventores, desde os anos 1500, de tentar encontrá-lo e, no processo, salvar uma multidão de vidas. O metal foi usado na armadura inicial para desviar balas. Infelizmente, não só a armadura metálica era pesada e incômoda, como também não era muito eficaz, e muitas armas de fogo podiam penetrá-la. Contudo, foi neste momento que surgiu o termo "à prova de bala".

O Japão e a Coreia começaram a testar a eficácia da seda nos anos 1800. Apesar de ser um material macio, também é muito apertado, e ambos descobriram que a estratificação do material o tornava capaz de resistir às balas da época. Um monge polaco que vivia em Chicago ouviu falar dessa técnica e procurou melhorar a situação. Casimir Zeglen foi para os EUA numa época em que figuras públicas estavam sendo vítimas de ataques de anarquistas. Na verdade, o então prefeito de Chicago, sr. Carter Harrison, fora assassinado em sua casa.

Zeglen queria criar um colete leve que figuras públicas pudessem usar debaixo das suas roupas no dia a dia. Ele começou a experimentar o uso de uma placa de aço entre camadas de seda. Diante de um público em Nova York, ele se ofereceu para testar seu "tecido à prova de balas" e ser baleado a uma distância de apenas dez passos. Na ocasião, ele disse que sentiu apenas um leve toque.

A sua criação foi testada pelos militares americanos e, infelizmente, foi considerada muito quente e cara, mas Zeglen estava determinado a ver a invenção ser bem utilizada e ofereceu o colete ao presidente William McKinley. Mas, antes que eles se encontrassem, o presidente foi fatalmente baleado em Buffalo, Nova York. Acontece que não só o colete de Zeglen teria sido capaz de parar a bala usada, mas também teria protegido o abdômen, onde McKinley foi baleado.

Infelizmente, diz-se que o colete de Zeglen não foi capaz de parar "o tiro ouvido em todo o mundo", o que prejudicou a sua reputação e a reputação do próprio colete. O arquiduque Francisco Ferdinando, supostamente, era dono de um dos coletes de Zeglen. Dependendo da fonte, o nobre não estaria utilizando-o quando foi atingido, ou teria sido atingido numa área não coberta pelo colete.

Mas a maior inovação na busca de um material que pudesse resistir ao impacto de uma bala veio quando Stephanie Kwolek aceitou um emprego na DuPont, em 1946, pensando que seria apenas um trabalho temporário antes de começar a faculdade de medicina.

No entanto, ela achou o trabalho tão fascinante, que continuou na empresa. Quando foi encarregada de encontrar um material capaz de substituir bandas de rodagem de pneus, se deparou com um plástico sintético exponencialmente mais forte do que o aço.

O Kevlar foi patenteado em 1966 e usado pela primeira vez em coletes de proteção para agentes policiais. Porém, o material tem mais algumas centenas de aplicações, incluindo coberturas para cabos submarinos, materiais de construção, luvas para proteger as mãos de cortes, coturnos de bombeiro, bastões de hóquei e, como originalmente previsto, pneus de automóvel.

O próximo passo na busca contínua pelo material à prova de balas perfeito é algo chamado de Spider Silk, feito de bichos-da-seda geneticamente modificados. Ainda está na fase inicial de rigorosos testes, mas os cientistas estão otimistas quanto ao seu potencial.

VOCÊ SABIA?

Se acha que os coletes à prova de bala são feios, você não está sozinho. O estilista colombiano Miguel Caballero ficou conhecido como o "Armani da armadura", por suas roupas à prova de balas feitas para se parecerem com a roupa do dia a dia. Entre seus clientes famosos estão Steven Seagal e o presidente Barack Obama.

PARA PREGUIÇOSOS...

- Não existe um colete verdadeiramente à prova de bala.
- Os primeiros coletes feitos para resistir a uma bala eram de seda, seguidos de seda com aço.
- O Kevlar foi inventado por Stephanie Kwolek na DuPont enquanto trabalhava para criar um material forte o suficiente para pneus.

PODCASTS

Se você é um ouvinte de podcasts (espero que pelo menos saiba de um que gosta, já que está lendo este livro), pode já ter contado a alguém sobre os programas que escuta e ter recebido um olhar inexpressivo com a pergunta: "O que é um podcast?" O que não é raro, já que quarenta por cento dos americanos ainda não estão familiarizados com o termo, que é uma aglutinação das palavras "iPod" e "broadcast".

Considera-se que o termo "podcasting" vem de um artigo do *The Guardian* de 2004, "Audible Revolution", escrito por Ben Hammersley. Na verdade, a palavra teria sido usada no artigo porque o editor de Hammersley avisou-lhe que o texto tinha vinte palavras a menos do que o esperado. Na sua revisão, ele acrescentou: "Mas como chamá-lo? Blogs de áudio? Podcasting? GuerillaMedia?"

A palavra podcasting virou moda, e Hammersley é creditado por ter cunhado o termo. Alguns se rebelaram contra o nome, como Leo Laporte, do *This Week in Tech,* que se autodenomina podcaster, mas acredita que o termo "netcast" descreve com mais precisão o meio, já que nem todos escutam através de um iPod. No entanto, considerando que a Apple,

Microsoft, Yahoo e Google apoiam o nome, ele está aqui para ficar.

O podcasting se tornou possível devido às invenções do feed RSS e do arquivo MP3. (Não se preocupe, não serei muito técnica. Continue lendo.)

Quando você ouvir um podcaster dizer: "Assine meu podcast", o que ele está realmente dizendo é: "Assine meu feed RSS, então, sempre que um novo arquivo MP3 for carregado, você terá acesso instantâneo a ele, e este será baixado automaticamente para qualquer aplicativo ou serviço que você utiliza para ouvir os podcasts".

A propósito, RSS significa Really Simple Syndication. E MP3 significa Moving Picture Experts Group Layer-3 Audio, que é um formato de codificação que utiliza compressão de dados com mínimo de perdas, ou seja: ele diminui o tamanho do arquivo sem sacrificar a qualidade distinguível pelo ouvido comum. (Esse é o máximo que usarei de rigor técnico aqui, eu prometo).

Alguns até dizem que não se pode chamar um podcast de programa de áudio, a menos que ele tenha um feed RSS.

A propósito, os feeds não são apenas para podcasts – eles são usados em blogs e outros sites que são atualizados constantemente, e você pode usar um agregador, como o Feedly, para ver quaisquer atualizações automaticamente, em vez de ter que ir manualmente em seus sites favoritos.

O engenheiro de software Dave Winer é conhecido como o homem por trás do feed RSS, enquanto foi Adam Curry, um antigo VJ da MTV, que o popularizou para uso com arquivos de áudio.

Curry viu o potencial da internet como uma plataforma de mídia já em 1993, quando registrou o domínio MTV.com antes da rede, resultando em uma ação judicial no ano seguinte. Mas, quando teve a ideia de um programa de rádio pela internet, ele entrou em contato com Winer sobre a utilização da tecnologia RSS para tornar a internet "o meio de transmissão para todos" sem comprometer a qualidade, o que não era um feito fácil na época.

Christopher Lydon, que trabalhou com Winer e agora apresenta o podcast *Open Source*, é conhecido como a primeira voz a ser lançada como um MP3 para download em um feed RSS no ano 2003, gravando entrevistas para seu blog. Diz-se que Winer lançou seu programa, *Morning Coffee*

Notes, apenas um dia antes de Adam Curry estrear o *Daily Source Code,* em agosto de 2004. Lydon disse que o podcasting surgiu em resposta à guerra do Iraque, como um meio de remediar a ruptura na conversa americana e mundial. Agora, a tecnologia é usada para as pessoas ouvirem outras falarem sobre quase todos os nichos de interesse que se possa imaginar (incluindo pequenas histórias sobre a origem de objetos do cotidiano).

A cada poucos meses, ao que parece, publica-se um artigo que proclama o podcasting como a "próxima tendência" ou o "mundo inexplorado" da internet. Mas essa tecnologia já existe há alguns anos. Na conferência anual para podcasters, chamada Podcast Movement, a Podcasters Academy indica apresentadores escolhidos a dedo – que já atuam há pelo menos dez anos – ao *hall* da fama dos podcasters.

A audiência de podcasts também tem crescido ano após ano, mas uma das melhores coisas é que quando pessoas apaixonadas descobrem programas novos, querem contar a todos sobre eles, "Onde é que isso esteve toda a minha vida?".

Pode-se dizer que sempre que um blogueiro, uma celebridade, uma rede de entretenimento ou um meio de comunicação inicia um podcast, eles trazem consigo uma parte do seu público já existente; como é o caso do *The Ricky Gervais Show,* de 2005, o *SModcast,* de Kevin Smith, de 2007, ou o *WTF* com Marc Maron, de 2009. Mesmo para podcasts independentes, isso é ótimo, pois quanto mais pessoas descobrirem novos programas, melhor será para a indústria.

Quando a Apple introduziu o app Podcasts para iPhone em 2012, mais pessoas descobriram esses espetaculares pequenos programas de áudio.

Um dos maiores marcos na linha do tempo dos podcasts veio em 2014, quando o *This American Life,* da Chicago Public Media, começou a fazer um spin-off no formato de uma única história por temporada de episódios, apropriadamente chamando-lhe de *Serial.*

Todos os anos, os consumidores de podcasts parecem procurar a próxima grande novidade, aquela que a grande mídia vai divulgar, mas, na maior parte dos casos, os próprios podcasters conseguem crescer por causa de suas influências e do boca a boca dos seus ouvintes.

Os podcasters e seus ouvintes podem até comemorar essa maravilha no dia 30 de setembro de cada ano, o Dia Internacional do Podcast.

VOCÊ SABIA?

Você pode ouvir as versões podcast de muitos dos capítulos deste livro pesquisando em seu aplicativo favorito de podcast por *The Story Behind* ou indo para TheStoryBehindPodcast.com.

PARA PREGUIÇOSOS...

- A palavra "podcasting" foi usada pela primeira vez em 2004.
- Dave Winer e o ex-VJ da MTV Adam Curry são considerados os criadores do podcasting.
- O Dia Internacional do Podcast é celebrado pelos podcasters e ouvintes todos os anos no dia 30 de setembro.

RECONHECIMENTO DE VOZ

O reconhecimento de voz começou em 1952, quando a Bell Laboratories desenvolveu uma máquina que podia reconhecer os números falados de zero a nove.

Ela foi chamada de Audrey, um acrônimo das palavras AUtomatic Digit REcognizer (com um Y no final para que correspondesse a um nome comum). E era enorme. Literalmente enorme – só o suporte tinha 1,80 metro de altura.

Audrey não respondia, mas se comunicava com luzes intermitentes, e não reagia a qualquer um. Para manter a precisão de 97 por cento da máquina, um alto-falante teve que ser implementado a Audrey, e ela era constantemente afinada e ajustada. Tudo isso para que dez números fossem reconhecidos.

Considerando a analogia de ensinar um bebê a falar, a IBM introduziu a máquina Shoebox na Feira Mundial de 1962, que compreendia a enorme quantidade de dezesseis palavras em inglês. Mas foi o Departamento de Defesa dos Estados Unidos que, nos anos de 1970, realmente fez a tecnologia de reconhecimento da fala avançar. Um departamento chamado Defense

Advanced Research Projects Agency (DARPA) criou o Harpia, um software de reconhecimento de voz que podia entender mais de mil palavras.

Esse foi um grande primeiro passo para o reconhecimento de voz que estamos familiarizados hoje. Mesmo assim, ainda estava muito longe do que a televisão e os filmes de ficção científica, como *Star Trek* e *Star Wars*, retratavam na época. Mas foram provavelmente aqueles filmes que inspiraram o avanço das máquinas que não só podiam entender o que estávamos dizendo, mas também responder.

E agora, como muitas vezes os anos de 1980 são mais assustadores do que qualquer coisa que poderíamos ter inventado na ficção científica, deixe-me apresentar-lhe o seu novo pesadelo: Julie, a boneca que podia responder à sua voz. O anúncio era realmente digno de um pesadelo, isso, na melhor das hipóteses, e horripilante, na pior.

No entanto, para uma criança, ele era possivelmente a boneca mais mágica de todos os tempos. Isto foi logo depois da loucura dos Cabbage Patch Kids, as "bonecas Repolhinho". Então, como você pode imaginar, as empresas de brinquedos estavam tentando capitalizar com o lançamento de diferentes tipos de bonecas. Mas a tecnologia não estava à altura, e muitas crianças queixaram-se de que Julie não era tão receptiva como foi retratada nos anúncios originais.

Uma coisa a notar sobre o reconhecimento de voz é que as máquinas não estão realmente reconhecendo palavras inteiras – elas estão reconhecendo os menores elementos das palavras faladas, conhecidos como fonemas, e agrupando-os dentro do software para determinar que palavra você está mais propenso a dizer.

Os fonemas são os elementos sonoros da fala, tais como sons de vogais ou plosivas sonoras (sons de consoantes mais ásperas).

O software nem sempre pode capturar todos os fonemas ou ser capaz de formatar o seu discurso e traduzi-lo para algo que o computador possa compreender – basta pensar na Siri atrapalhando uma mensagem de áudio em uma conversa ou, como acontece na minha casa, o nosso Google Home reconhecendo o comando do meu marido para desligar as luzes da sala, mas não obedecendo da mesma forma quando eu peço.

Em 1990, uma empresa chamada Dragon introduziu o primeiro

programa de reconhecimento de discursos disponível para os consumidores diários, chamado Dragon Dictate. Pelo preço de singelos nove mil dólares, você poderia falar e o programa digitaria o que você estava dizendo.

Mesmo com o passar dos anos e a melhora na tecnologia tornando-a mais acessível, sete anos depois, quando o Dragon Naturally Speaking saiu, o programa conseguia reconhecer apenas cem palavras por minuto, mas a taxa média na fala é de cerca de 163 palavras por minuto. Então você teria que dizer uma palavra, pausar, dizer outra palavra e pausar, e assim por diante.

Isso depois de realizar a configuração inicial do programa; levava cerca de 45 minutos para que ele aprendesse a reconhecer a sua voz e padrões de fala. O sistema custava setecentos dólares e era apenas 80 por cento exato.

A propósito, o DragonDictate ainda existe. Na verdade, voltando à ficção científica, o escritor Peter David, conhecido por escrever para inúmeras séries de quadrinhos, incluindo *Star Trek*, começou a usá-lo em 2012, após ter sofrido um derrame.

Uma das inovações mais progressistas no reconhecimento de voz surgiu com a introdução do MovieFone.

A frase "Bem-vindo ao MovieFone" pode te levar às lembranças de procurar um filme para assistir em um encontro. Ou talvez você se lembre de episódios memoráveis de *Seinfeld* ou *Family Guy*. Bem, você pode agradecer à BellSouth por introduzir o primeiro portal de voz, chamado VAL, abreviação de Voice Activated Link, em 1996. Essa tecnologia podia ser usada por telefone para um acesso "rápido" (pelos padrões da época) a informações sobre qualquer coisa, desde horários de cinema a sugestões de restaurantes, passando pela resolução de problemas e atendimento ao cliente.

No entanto, a capacidade de falar e obter uma resposta verbal foi a tecnologia que realmente nos espantou. Mas você já notou que muitas vozes de computador, tais como softwares de navegação, Siri e os novos assistentes comandados por voz, são vozes femininas?

Isso é um padrão intencional. Pense nos computadores apresentados nos filmes *2001: Uma odisseia no espaço*, *Jogos de guerra*, e até a voz do computador piloto automático do *Wall-E*. São todos homens e representam os "vilões" naquele cenário. Não é de admirar que estejamos mais confortáveis tendo uma voz de computador feminina, já que os filmes exacerbaram nossos medos de tecnologia com vozes masculinas ameaçadoras e mais inteligentes que os humanos.

No entanto, uma alternativa ao Google Home e ao Amazon Echo é o software controlado por voz chamado Home Automated Living, também conhecido como HAL – considero que deveriam ter pensando no maléfico supercomputador HAL 9000, de *2001: Uma Odisseia no Espaço*, antes de escolher esse apelido para a nova tecnologia.

Ainda que as vozes dos assistentes pessoais, como Amazon Echo ou Google Home, sejam sintetizadas, supostamente há uma pessoa real por trás da voz original de Siri. Susan Bennett é uma dubladora de Atlanta que aceitou um emprego em 2005, gravando diferentes frases durante quatro horas ao longo de um mês, para um projeto desconhecido da empresa de software ScanSoFort. Quando os colegas começaram a interagir com Siri em 2011, eles reconheceram sua voz, e ela ficou tão surpresa quanto eles. A Apple nunca confirmou a voz de Siri, e desde então ela foi atualizada para uma voz diferente.

VOCÊ SABIA?

A propósito, se você fizer uma pesquisa no Google para a infame frase do filme *Jogos de guerra* "*Shall we play a game?*", o primeiro resultado será um jogo da velha que você pode jogar contra o Google.

PARA PREGUIÇOSOS...

- O reconhecimento de voz começou em 1952, com um computador muito grande que reconhecia os números de zero a nove e respondia com luzes intermitentes.
- Máquinas e software de reconhecimento de voz não reconhecem necessariamente palavras inteiras, mas partes de palavras, chamadas fonemas.
- A maioria das ferramentas de automação doméstica comandada por voz utiliza uma voz feminina, porque é considerada menos ameaçadora.

PARTE NOVE
NAS ARMAS

PÓLVORA

A origem da pólvora começa, acredite ou não, com a busca pelo elixir da vida.

Em 300 d.C., cientistas chineses estavam fazendo experiências com o salitre, um composto químico de nitrato de potássio formado por estrume animal em decomposição – sim, basicamente, eles estavam brincando com cocô de animal. No século VIII, o salitre e o enxofre eram combinados com carvão vegetal e a mistura resultante era usada para tratar doenças de pele e matar insetos. Isto foi antes de alguém saber exatamente o quão poderosa poderia ser a combinação desses três ingredientes.

Os alquimistas começaram a usar essa combinação de substâncias em sua busca pelo elixir da vida, mas descobriram que ele queimava incrivelmente rápido e com uma intensidade enorme. Uma única faísca podia resultar num incêndio rápido e com muita fumaça. Essa combinação perigosa foi então usada como parte da celebração do aniversário do imperador, e considerada o primeiro fogo de artifício conhecido.

Os chineses sabiam que algo tão poderoso como a pólvora poderia ser usado para muito mais. A Dinastia Sung começou a usá-la para se defender contra as constantes invasões dos mongóis. Eles colocavam pólvora num tubo, seguido por uma flecha. Quando acendido do outro lado, a pólvora pegava fogo e o gás produzido criava pressão suficiente para impulsionar a flecha para fora e através das linhas inimigas.

Após essa vitória, os chineses inventaram mais armamento baseado em pólvora, incluindo os primeiros canhões e granadas. No século XIII, a ciência da pólvora espalhou-se pela Europa e pelo mundo islâmico. Durante a Idade Média, os canhões tornaram-se armas comuns usadas em muitas guerras, incluindo a Guerra dos Cem Anos e o Cerco de Constantinopla.

A primeira pistola apareceu no século XV. Era como um canhão miniatura, que criou uma nova classe de soldados – a infantaria.

A cada novo avanço no armamento de pólvora vinha o avanço das defesas contra ele, ou seja, o armamento tinha que ficar um passo à frente, o que perpetua a corrida armamentista que ainda vemos hoje.

Você pode estar familiarizado com as máscaras Guy Fawkes popularizadas pelo filme *V de Vingança* e associadas ao grupo ativista Anonymous. Guy Fawkes é o grande personagem da Conspiração da Pólvora – também conhecida como Noite do Fogo de Artifício, Noite da Fogueira, ou Noite de Guy Fawkes.

O feriado é comemorado no Reino Unido em 5 de novembro, daí a frase "Remember, Remember the Fifth of November" ("Lembre-se, lembre-se do dia 5 de novembro").

Em 1605, o rei James e o Parlamento perseguiam os católicos romanos. Robert Catesby (cujo pai tinha sido perseguido pela rainha Elizabeth I), Guy Fawkes e os seus coconspiradores fizeram um plano para armazenar pólvora debaixo do edifício do Parlamento. Quando Guy Fawkes foi encontrado escondido numa caverna debaixo do edifício, foi levado sob custódia e 36 barris de pólvora foram encontrados.

Perguntado por que chegou a tal extremo, Fawkes respondeu: "Uma doença desesperada requer um remédio perigoso".

Fawkes foi torturado até confessar a conspiração para explodir o governo protestante inglês e substituí-lo por um governo católico. Ele foi condenado à forca, afogamento e esquartejamento em Londres, mas, antes de ser executado, pulou da escada para os calabouços, quebrou o pescoço e morreu.

O rei James – o mesmo rei que está por trás da tradução inglesa da

Bíblia – queimou uma efígie de Guy Fawkes, e a Inglaterra aprovou leis restritivas para os católicos, incluindo a retirada do seu direito ao voto.

O Parlamento estabeleceu o dia 5 de novembro como dia de Ação de Graças no ano seguinte, mas a data evoluiu para uma celebração de Guy Fawkes e do que veio a ser conhecido como a Conspiração da Pólvora – em que muitas efígies são queimadas, do Papa, de Guy Fawkes, ou de figuras políticas contemporâneas, em fogueiras. O único lugar no Reino Unido que não celebra a data é a antiga escola de Guy Fawkes, St. Peter's, em York, que se recusa a queimar efígies dele por respeito. Referindo-se a um dos primeiros usos da pólvora, os fogos de artifício são sempre vistos nessa noite.

VOCÊ SABIA?

A versão da Bíblia do rei James foi encomendada pelo mesmo rei contra quem Guy Fawkes protestava.

PARA PREGUIÇOSOS...

- A pólvora foi criada enquanto tentavam encontrar o indescritível elixir da vida.
- Quando encontrada, a pólvora para ignição rápida de uso em fogos de artifício foi logo aplicada para os armamentos.
- A Conspiração da Pólvora foi um movimento de resistência à perseguição do Parlamento aos católicos romanos na Inglaterra, em 1605.

REVÓLVER

Este capítulo é baseado em um episódio do podcast The Story Behind *que fez parte de uma série baseada nas armas do jogo* Detetive.

É de conhecimento geral que Samuel Colt, de Connecticut, recebeu uma patente pelo desenvolvimento de uma arma de fogo rotativa de múltiplos disparos em 1836, também conhecida como revólver, mas aqui está algo que provavelmente você não sabia sobre Colt e a sua invenção: ela foi inspirada em um leme de um navio.

A utilização de um engate para bloquear a roda ou permitir a sua rotação deu a Colt a ideia de aplicar a técnica a uma pistola de tiro, a fim de criar um cilindro rotativo de câmaras de balas.

No entanto, quando teve essa ideia, ele não tinha dinheiro para criá-la, por isso foi para as ruas, realizando um espetáculo com o nome de dr. Colt. E o que exatamente ele usou para entreter multidões? Gás do riso.

O seu show foi um sucesso e, com o dinheiro que lucrou, foi capaz de colocar linhas de montagem da Revolução Industrial na fabricação dos seus revólveres, que se tornaram ainda mais populares quando a Guerra Civil começou.

Mesmo sem a guerra, os revólveres Colt já eram conhecidos pela sua tática de promoção, tendo o famoso artista George Catlin os incorporando em suas pinturas. Pense nisso como os produtos atuais aparecendo nos filmes e na televisão. Ele também contratou escritores famosos que viajavam pelo mundo para escrever sobre as criações.

Provavelmente, o revólver mais conhecido é o Colt 45, também conhecido como pistola Colt Single Action do Exército. Ironicamente, Samuel Colt nunca teve um em suas mãos, já que o produto só foi divulgado ao público dez anos após sua morte, em 1862.

O Colt 45 foi usado no tiroteio O.K. Corral, de 1881, em Tombstone, Arizona, em que Wyatt Earp, Doc Holliday e Billy Clanton estavam envolvidos. O revólver ficou conhecido como "pacificador" ou "equalizador". O seu legado generalizou-se, e não apenas em duelos – o próprio Oeste se estabeleceu com a ajuda do Colt 45.

A arma era a favorita entre heróis da Cavalaria Voluntária, Rough Riders, e George S. Patton; entre bandidos como Billy the Kid, Jesse James e Butch Cassidy; e até mesmo artistas como Annie Oakley. Com o aparecimento dos primeiros filmes de cowboys, a popularidade da arma também cresceu, mas, quando o Oeste se tornou menos selvagem e surgiram novos revólveres de dupla ação e pistolas semiautomáticas, a popularidade do Colt 45 diminuiu.

A produção até parou durante a Segunda Guerra Mundial, mas, com o ressurgimento das produções *westerns* dos anos 1950, o Colt 45 entrou novamente no mainstream. John Wayne ostentava um par de pistolas de marfim como marca registrada. A popularidade de séries de faroeste, como *Bonanza* e *As aventuras do Zorro, o Cavaleiro Solitário*, ajudou a impulsionar a fabricação do Colt 45 até 1956.

Mais uma coisa: o licor de malte chamado Colt 45 não recebeu o nome por causa da arma, mas sim em homenagem ao jogador do Baltimore Colts, Jerry Hill, cujo número da camisa era 45.

VOCÊ SABIA?

O álbum *Revolver* dos Beatles não foi nomeado por causa da arma, mas pela forma como o disco gira num toca-discos.

PARA PREGUIÇOSOS...

- Samuel Colt se inspirou em um leme de navio para criar o revólver.
- Colt conseguiu angariar o dinheiro para fabricá-lo através de um show itinerante em que o seu principal entretenimento era o uso de gás do riso.
- A popularidade do Colt 45 diminuiu até que séries de faroeste e, em particular, as pistolas, assinatura de John Wayne se tornaram populares.